세계의 리더들은 왜
철학을
공부하는가

세계의 리더들은 왜
철학을
공부하는가

리우스 지음 | 이서연 옮김

HC books

contents

chapter
01

노자 '우리는 어디서 왔을까?'

chapter
02

공자 '중용'

chapter
03

헤라클레이토스 '운동'

머리말 1

사람들은 대부분 철학을 복잡하고 어려운 학문으로 생각하고 있다. 게다가 갈수록 경쟁이 치열해지는 현대사회에서 철학은 이러한 흐름을 따라가지 못하는 동떨어진 학문처럼 느껴진다. 사실 대학에서 전공을 선택하는 것은 평생 종사할 분야를 선택하는 거라 할 수 있다. 철학은 인기 있고 취업이 잘 되는 전공과는 거리가 멀었다. 그래서 사람들이 철학을 '먹자니 맛없고, 버리기는 아까운' 계륵같이 생각하는 것도 사실이다.

하지만 철학의 참모습을 아는 사람들은 세상 모든 이치가 모이는 학문이라는 걸 알고 있다. 철학은 인류 생활의 기본적이고 보편적인 문제를 연구할 뿐만 아니라 인류의 기원, 물질의 구성, 우주의 변화 규칙과 사람과 자연의 관계와 같은 깊이 있는 문제를 다루고 있다.

예전부터 지금까지 유명한 철학자들은 자신의 일생을 바쳐 철학의 문제를 탐구해 왔으며, 각기 다른 관점을 주장해 왔다.

그래서 아인슈타인은 '만약 철학이 가장 일반적이고 가장 광범위한 형식의 지식에 관한 탐구라면 철학은 모든 과학의 어머니라 불릴 만하다'라고 말한 바 있다.

또 아리스토텔레스는 '알고자 하는 게 모든 사람의 본성이고, 사람은 모두 호기심 때문에 철학적 사유를 시작한다. 주변에 있는 이해할 수 없는 무언가에 호기심을 느끼고, 이것이 계속 발전해 더 중대한 일에 질문을 가진 사람들은 혼란과 호기심을 느끼면서 자신이 무지하다는 걸 자각한다'라고 말한 바 있다.

한편 헤겔은 철학을 '특수한 사유 방식'이라 평가하였고, 중국의 철학가 펑유란은 《중국철학사》에서 '철학은 인생에 대한 체계적인 반성적 사색'이라고 정의한 바 있다.

이러한 철학은 인생 문제를 다루는 과학이라 할 수 있다. 우리는 살면서 마주치는 문제에 대한 해답을 철학을 통해서 찾곤 한다. 철학은 비록 우리를 배부르게 해 주지는 않지만 '배를 채우는 이유'를 알려준다.

아마도 이 두 가지 문제가 어떤 관련이 있는지 알지 못하는 사람도 있을 것이다. 예를 들자면 철학은 '인생의 성공을 위해 어떤 길을 걸어야 하는지'를 알려주지는 않지만 '인생의 성공에 여러 가지 서로 다른 길이 존재하고 선택할 수 있다'라는 걸 알려준다.

이 책은 철학의 발생과 발전의 역사를 다루지도 않을 것이고, 철학의 발전 과정에서 생겨난 문제들을 언급하지도 않을 것이다. 동시에 철학과 돈, 취업, 미래 사이의 관계에 대해서도 토론하지 않을 생각이다. 이처럼 철학과 관련된 기본 내용을 언급하지는 않으면서도 철학의 재미를 알 수 있는 게 이 책이 가진 매력이다.

이 책에서 우리는 15명의 유명한 철학자들의 강의를 통해 철학의 매력에 빠져들 수 있을 것이다. 책에 담긴 풍부한 철학 이론을 접하면서 지루하거나 어렵다고 생각할 겨를은 없을 것이다. 왜냐하면 이 책에서 다루는 지식은 현대사회에서도 필요한 것이기 때문이다. 그

뿐만 아니라 현실감 있는 사례와 생동감 넘치는 토론은 재미를 더욱 북돋아 주고 철학의 또 다른 매력인 재미를 느끼게 해 줄 것이다. 그럼, 주인공과 함께 재미있는 철학의 세계로 들어가 보자.

철학과 신입생 민경

민경의 고등학교 성적은 좋은 편이었지만 상위권 수험생들만큼 성적이 좋지는 못했다. 그래서 유명 대학을 갈지, 아니면 다른 학교의 인기 있는 학과를 선택할지를 고민하다가 유명 대학에 가기로 했다. 이 대학의 철학과는 국내에서 뛰어나기로 유명했다.

민경이 입학하던 해, 유명 대학은 대대적인 개편을 단행해 첨단 장비들을 설치했다. 가장 특별한 것이 바로 첨단 인공지능을 사용해 진짜 사람과 같은 모습을 구현하는 장비였다. 철학과는 이 기술을 이용해 15명의 유명 철학가들이 진행하는 '재미있는 철학'이란 강의를 개설했다.

철학과 신입생이 된 민경은 이리저리 생각해 봐도 자신과 철학 사이에 어떤 연관성도 찾을 수 없었다. 철학에 흥미를 느끼지 못했고 수업에 들어가서도 별다른 기대를 하지 않았다. '철학에 흥미 없는' 민경이 철학자들과 유일하게 비슷한 점은 질문하길 좋아한다는 것뿐이었다.

매년 신입생들이 그러하듯이 그녀는 동아리 활동, 학생모임, 토론모임 등 모든 적극적으로 참여했다. 의욕적으로 여러 활동에 참여하면서도 민경은 상위권 성적을 유지했다. 비록 철학을 좋아하지는 않지만, 전공과목으로 선택한 이상 최선을 다해야 한다고 생각했기 때문이었다. 완벽한 1학기를 보냈지만 단 하나, 그녀의 늦잠 자는 습관은 고치지를 못했다. 2학기가 시작되자마자 순조롭던 민경의 대학 생활에 먹구름이 드리우기 시작했다.

그녀가 침대에서 눈을 떴을 때 시곗바늘은 오전 7시 50분을 가리키고 있었고, 창밖에는 태양이 확연히 보였다. 그녀는 반밖에 뜨지 못한 눈으로 느릿느릿 무거운 몸을 일으켰다. 오늘은 '재미있는 철학' 수업이 시작되는 날이다.

CHAPTER

1

노자
'우리는
어디서 왔을까?'

우주 만물이 이루어지는 근본적인 이치가 곧 도道이다.

춘추시대 초나라 / 도가道家 창시사 / 무위이치無爲而治
중국 고대 사상가이자 철학가, 문학가로 도가 사상의 창시자이다.
전하는 책은 《도덕경道德經》이 유일하다,
약 5,000자, 81장으로 되어 있으며, 상편 37장의 내용을 「도경道經」,
하편 44장의 내용을 「덕경德經」이라고 한다.
무위자연無爲自然이 중심사상이라고 할 수 있으며
거짓과 인위적인 것에서 벗어나려고 했다.

01

빵은
어디서 왔을까?

아직 자명종도 울리지 않은 시간 잠을 자던 민경의 머릿속에 오늘은 평소와 다른 날이 펼쳐질 거라는 생각이 스쳤다. 그녀는 어둠 속에서 룸메이트의 목소리가 들리는 것 같아 눈을 떴지만, 기숙사 방 안에는 아무도 없었다.

울리는 휴대전화 벨 소리에 다시 잠이 들려던 민경이 전화를 받았다.

"대단한 사람이 왔어! 빨리 와 봐!"

상대방의 말이 채 끝나기도 전에 민경이 전화를 끊었다. 게슴츠레한 모습으로 침대에 앉은 그녀는 무언가를 기억해내려 하다가 그만두고 일어났다. 그리고는 순식간에 씻고, 옷을 갈아입고, 이불을 정리했다.

일련의 동작들이 물 흐르듯 매끄러워서 만약 옆에서 룸메이트들이 지켜보고 있었다면 손뼉을 치며 감탄해 줬을 정도였다. 그랬다면 민경도 아마 자부심에 넘치는 미소를 지으며 으스댔겠지만 지금 옆에는 손뼉을 쳐 줄 사람도 없었고, 수업 시간에 맞추려면 의기양양하게 있을 여유도 없었다.

재빨리 책상에 놓여 있는 빵을 들고 기숙사에서 나온 그녀는 허겁지겁 강의실로 달려갔다. 하지만 지각은 피할 수 없었다. 다행히 교수가 자신을 소개하느라 아직 수업을 시작하지 않아서 다행이었다. 물론 강의실에 앉아 있는 백여 명의 학생들과 교수에게 묻는다면 지각한 거라고 말했겠지만 말이다.

민경이 살금살금 강의실 안으로 들어가자 학생들과 교수 모두 그녀를 주시했다. 교수가 그녀를 힐끗 쳐다보고는 강단 앞으로 오라는 손짓을 했다. 당황한 민경은 머릿속이 하얘져서 아무런 생각도 할 수 없었다. 그저 고개를 푹 숙이고 힘없이 교수 앞으로 걸어갈 뿐이었다.

그녀가 강단 앞으로 걸어가자 교수가 민경의 손에 있던 빵을 빼앗아 갔다. 교수가 빵을 가져가려 하자 민경은 저도 모르게 힘을 주며 버렸다. 원래 네모반듯했던 빵이 교수의 손에 들어갔을 때는 길쭉한

타원형으로 변해 있었다.

"이제 수업을 시작할 거니 저쪽 자리에 가서 앉게. 강단 아래 자리
는 이미 다 찼으니까."

교수가 강단 한쪽 구석에 놓인 조그마한 의자를 가리키며 말했다.

멍하니 넋 놓고 있던 그녀는 천천히 '자리'로 걸어가면서 앞에 있
는 교수를 바라보았다. 산속에서 사는 도인의 모습이 떠올랐다. 눈
앞에 있는 늙은 교수는 정확하게 도인 같은 모습을 하고 있었다.

"첫 번째 수업은 빵에 관한 이야기로 시작하도록 하지. 학생, 빵은
어디서 온 것인가?"

교수가 손에 든 빵을 가리키며 민경에게 물었다.

"그 빵은 어제 친구가 사 온 걸 먹고 남은 거예요."

민경이 뻣뻣이 서서 대답했다.

그녀의 대답에 강의실에 모인 사람들이 일제히 깔깔댔고, 교수까
지도 턱수염을 떨며 웃었다.

"하하하, 내 말은 빵 자체가 어디서 왔냐는 거네."

"빵은 밀가루로 만들죠. 그리고 밀가루는 밀을 가루로 만든 거고
요. 그러니까 밀을 가공해서 밀가루로 만든 뒤 물과 함께 섞으면 빵
이 돼요."

그녀가 같은 자리에 서서 자신 없이 말했다.

강단 아래서는 아직도 키득거리는 웃음소리가 들렸다.

"만두도 밀을 사용해 만들지 않는가! 알았으니까 일단 앉아 보게. 이 문제에 관해서는 내가 설명하도록 하지."

교수가 웃으며 민경에게 앉으라고 말했다. 민경이 앉자 교수가 마른기침하며 목청을 다듬은 뒤 본격적인 수업을 시작했다.

"방금 이 학생의 대답은 빵을 만드는 방법에 대해 말한 것이자 인류가 빵을 만들었다는 관점에서 출발한 것이네. 그럼, 빵이 아닌 하늘과 땅, 해와 달, 별과 행성, 새와 짐승은 어디서 온 걸까? 하늘과 땅은 사람이 없어도 스스로 변화하고, 해와 달은 사람이 없어도 알아서 빛나고, 별과 행성은 사람이 없어도 질서에 따라 운행하며, 새와 짐승은 사람이 없어도 공존해 살아가지. 이것이 바로 인위적이지 않은 자연의 이치라 생각하지 않는가?"

교수가 갑자기 사극에나 나오는 말투로 말하자 멍한 표정을 짓고 있던 민경의 눈이 반짝이기 시작했다. 왠지 모르게 교수의 얼굴이 낯익어 보였다. 교수의 얼굴을 자세히 보기 위해 민경은 목을 길게 빼고 바라봤다.

"이러한 천지 만물은 모두 인류가 생겨나기 전부터 자연적으로 존재해 왔다네. 자연스럽게 변화하고 움직이는 천지 만물은 사람이 인위적으로 간섭할 필요도 없고, 또 사람이 원한다고 해서 달라질 수 있는 것도 아니지. 그럼, 천지 만물은 무엇을 통해 생겨났을까?"

교수가 인자한 표정으로 주변을 둘러보고는 계속 말했다.

"아주 오래전 어떤 물건이 혼란스럽게 뒤섞여 천지보다 먼저 생겨났다네. 그것은 소리도 형체도 없었지만 홀로 서서 변하지 않았고, 위태롭지도 않아 천하의 어머니라 할 만했지. 나는 그것의 이름을 알지 못하기에 내 마음대로 '도'라는 글자를 붙이고, '크다'(大)라는 이름을 지어줬네. 그것은 아주 커서 움직였고, 또 움직이기에 자연스럽게 멀어졌고, 멀어져서 되돌아왔지. 그러므로 도는 크고, 하늘도 크고, 땅도 크고, 사람 또한 큰 것이라네. 세상에는 큰 것이 네 가지가 있는데, 사람이 그중 하나지. 그래서 사람은 땅을 본받고, 땅은 하늘을 본받고, 하늘은 도를 본받고, 도는 자연을 본받는 것이야."

민경이 알 듯 모를 듯한 표정을 지으며 고개를 갸웃거렸다. 교수는 자신만의 세상에 빠진 듯 먼 곳을 바라보며 계속 설명을 이어갔다.

"도를 말할 수 있으면 그것은 영원한 도가 아니고, 이름으로 불릴 수 있으면 영원한 이름이 아니라네. 이름이 없는 것은 만물의 시작이고, 이름이 있는 것은 만물의 어머니지. 그러므로 항상 욕심이 없으면 눈에 띄지 않는 오묘함을 볼 수 있고, 항상 욕심이 있으면 눈에 드러난 모습을 보는 법이야. 이 두 가지는 같은 곳에서 나와서 이름은 다르지만 한 가지로 불리니 현묘하고 또 현묘해서 모든 오묘함의

문이 된다네."

그때 낭랑한 목소리로 말하는 교수를 바라보던 민경의 머릿속에 이름이 떠올랐다. 지금 눈 앞에서 사극 말투로 천지 만물을 말하는 사람은 바로 노자였다. 놀란 민경이 믿을 수 없다는 표정으로 입을 쩍 벌리는데도 노자 교수는 아랑곳하지 않고 수업을 계속했다.

"천지 만물이 형성되기 전에 하나로 뒤섞인 어떤 물건이 있었다네. 만물을 초월한 뛰어나고 독립적인 존재인 그것을 나는 '도'라고 이름을 지었네. 그것은 천하 만물의 어머니라 할 만하지. 하늘과 땅 사이에 존재하는 모든 만물은 도를 근본으로 해서 생겨나고 노로 인해서 변화하거든."

강단 아래 앉은 사람 중에는 이해한 듯 고개를 끄덕이는 사람도 있었고, 어려운 듯 미간을 찌푸리는 사람도 있었다. 한편 교수의 정체를 알아챈 민경은 연예인을 만난 것처럼 들뜬 표정을 짓고 있었다.

"그럼 우주의 변화법칙은 무엇일까? 도는 하나를 낳고, 하나는 둘을 낳고, 둘은 셋을 낳고, 셋은 만물을 낳는다네. 이것이 바로 우주의 법칙이지. 그렇다면 사람은 어디서 오는 것일까? 역시 도에서 온다네. 사람은 어디로 갈까? 당연히 도로 되돌아가지. 아까 답변했던 학생도 이제 빵이 어디서 오는지 알겠지?"

노자 교수가 다시 민경을 바라보며 질문했다. 그러자 민경이 자신만만한 표정으로 힘차게 대답했다.

"도에서 와요!"

"그렇지! 천지 만물이 생겨나기 전에는 아무것도 없는 혼돈 상태였다네. 이 혼돈이 우주인 하나를 낳았고, 하나인 우주가 나누어져서 하늘과 땅, 해와 달인 둘을 낳았지. 그리고 다시 둘인 해와 달이 오행과 교감하고 천지와 화합하여 서로 부딪치는 것들을 하나로 통일한 셋을 낳았어. 이렇게 서로 부딪치는 것들을 통일한 덕분에 더욱 발전된 형태의 사물을 만들 수 있었는데, 그것이 바로 만물이지."

노자 교수는 천천히 강의실에 앉아 있는 사람들을 둘러보았다.

"이 문제를 이해하면 앞으로 이어질 수업 내용도 쉽게 이해할 수 있을 걸세. 내가 문제를 제시하면 강단 아래 있는 학생들도 고민해 보고 다양한 질문을 해 줬으면 좋겠군."

02

빵은
왜 만두가 아닐까?

수업 시간 내내 뻘쭘하게 강단 위에 앉아 수업을 듣던 민경은 쉬는 시간이 되자 재빨리 강단 아래로 내려왔다. 민경은 노자 교수가 낯설지만 친근하게 느껴지는 것이 새삼 이상하다고 생각했다. 잠시 뒤 강단 위에서 차림새를 정돈하던 노자 교수가 수업을 시작하려 하자 민경도 강단 아래 구석진 자리를 찾아 앉았다.

"조금 전 우리는 우주 만물의 근원인 '도'에 대해서 이야기했네. 이 세상에 존재하는 각양각색의 사물들은 모두 '도'로부터 시작됐다는 것까지 말했지. 자, 이번 시간에는 그 '도'가 무엇인지에 대해 이야기를 나눠 보도록 하세."

수업의 첫마디를 꺼낸 노자 교수는 주변을 둘러보며 말했다.

"응? 아까 강단에 있던 여학생은 어디로 갔나? 수업이 다 끝나지도 않았는데 가 버린 건가? 아니면 강단 아래에 가서 앉은 건가? 강의실 안에 있으면 빨리 강단 위로 올라오게나. 같이 수업을 해야 하니."

노자 교수의 말에 학생들의 시선이 구석진 자리에 앉아 있던 민경에게로 쏠렸다. 난처해진 그녀가 따가운 시선을 받으며 강단 위로 올라가자 강단 아래서 작은 박수 소리가 들렸다.

"이 빵은 어째서 존재하는 것인가? 그리고 자네는 왜 이 물체를 빵이라고 하고 만두라고는 말하지 않는 건가?"

노자 교수가 민경에게서 가져간 빵을 들어 보이며 질문했다.

강단 아래 있는 사람들은 당연할 걸 왜 묻는지 모르겠다는 표정으로 노자 교수를 바라봤다. 하지만 민경은 예상이라도 했다는 듯이 침착한 표정으로 대답했다.

"빵이 존재하는 이유는 제빵사가 만들어 냈기 때문이죠. 그리고 빵이 만두라 불리지 않는 이유는 들어간 재료나 모양이 다르기 때문이에요. 하지만 교수님이 강의하셨던 내용을 생각해 보면 빵과 만두는 모두 '도'에 의해서 생겨난 것이니 '도'가 그것들을 다르게 변화시켰다고 말할 수 있겠네요. 한마디로 빵과 만두는 '도'에 의해서 다르게 불리는 거죠."

민경의 대답에 강단 아래에는 침묵이 감돌았고, 노자 교수도 바로 뭐라 말하지 못했다. 한숨을 돌린 민경은 후들거리는 두 다리를 눌러 진정시키고 애써 침착한 표정을 지으며 의자에 앉았다.

"수업 내용을 바탕으로 대답을 했군. 정말 대단해."

노자 교수가 뿌듯해하는 얼굴로 민경을 바라보고는 다시 말을 이었다.

"도는 만물의 오(奧)라네. 여기서 '오'는 집안에서 가장 깊숙하게 위치한 존귀한 장소를 말하지. 그러니까 도는 만물의 가장 깊숙하고 존귀한 장소에 있다네. 이러한 근 도는 아주 커서 좌우를 모두 아우를 수 있고, 만물이 자신에 의지해 생겨나는 걸 피하지 않으며, 공을 세워도 갖지 않지."

여기까지 말한 뒤 노자 교수가 강단 아래 사람들을 바라봤다. 아리송한 표정으로 자신을 바라보는 표정에 웃으며 설명해 주었다.

"도는 모든 것의 중심이기에 어떤 사물에도 의지하지 않지만, 사물은 모두 도에 의지해 존재하지. 그래서 어떤 사물이든 도를 떠난다면 그 존재의 근거를 잃게 되는 거라네."

사극에서나 나오는 말투로 설명하던 노자 교수가 밝은 목소리로 말했다.

"이제, 질문하고 싶은 사람 있나? 내가 지금까지 말한 내용을 토대로 서로 질문하고 토론해 봤으면 좋을 듯싶네."

노자 교수의 말이 떨어지자마자 강단 아래 있던 학생이 손을 들고 말했다.

"도는 만물의 근거라고 말씀하셨는데, 일상생활에서 도에 근거해 이루어진 사물이 있나요? 그리고 교수님께서 들고 계시는 빵도 도에 의해 존재하는 것으로 생각하시나요?"

일어나 질문한 사람은 검은 테 안경을 쓴 남학생이었다. 질문에 고개를 끄덕이던 노자 교수가 말했다.

"좋은 질문이군. 우리가 주변에 있는 사물들을 자세히 바라본다면 그것들이 존재하는 근거를 발견할 수 있고, 그 근거가 바로 도인 거지."

여기까지 말한 노자 교수가 마른기침으로 목을 다듬고 다시 설명을 이어갔다.

"우리의 생활에서 도를 얻은 사물이 무엇인가. 하늘은 도를 얻어 지금처럼 푸르게 됐고, 땅은 도를 얻어 지금처럼 편안해진 것이며, 우리 사람도 도를 얻어서 이렇게 똑똑해진 것이라네. 산천의 골짜기도 도를 얻어 가득해지고, 풀과 나무들도 도를 얻어 뿌리를 내리고 무럭무럭 자라는 것이지. 그리고 과거 역사에서 천하의 주인이 된 사람들도 모두 도를 얻어 그렇게 된 것이라네."

양팔을 뻗어 하늘과 땅을 그리고 주변을 가리키며 자신감 넘치는 목소리로 말했다.

"그렇다면 이런 것들이 도를 얻었다는 건 무엇으로 증명할 수 있을까? 변화했다고 도를 얻었다고 말할 수 있을까? 그렇지 않네! 왜냐하면 도를 얻지 못해도 변할 수 있기 때문이지."

강의에 집중한 눈빛의 노자 교수는 빠르게 말을 이어갔다.

"천지 만물이 도에 근거하지 못하면 어떻게 되는지 아는가? 도가 없으면 하늘은 맑지 못해 찢어지고, 땅은 평안하지 못해 붕괴하며 사람은 영명함을 유지하지 못해 천천히 멸종되며, 골짜기도 물이 흐를 수 없어 말라 버리게 되지. 풀과 나무, 모든 만물이 성장하지 못하고 소멸하는 것이라네. 그럼, 사람도 더는 이 세상에 살 수 없게 되겠지.

빵도 이 세계에 속한 사물인 만큼 도에 근거해 존재하는 것이네. 도가 빵의 내용을 다르게 부여했기 때문에 빵의 형태가 다른 사물과 다른 것이고, 만두와도 구별이 되는 것이네."

노자 교수가 천천히 민경의 앞으로 걸어가서는 빵을 건네줬다.

"세상에는 모순되고 대립하는 게 많지. 도는 모순되고 대립하는 것 중 어느 쪽에도 속하지 않지만 모순되는 양쪽은 모두 도에 의해서 생겨난 것이라네. 또 도는 차별성을 가지고 있지 않지만, 차별성을 가진 사물들도 모두 도에 의지해 생겨난 것들이지. 세상 만물이 모두 제각기 다양한 형태와 특성을 가질 수 있는 이유는 도를 통해서 자신만의 특별한 본질을 얻었기 때문이야."

노자 교수가 강의실에 있는 사람의 얼굴을 찬찬히 바라보며 말했다.

"이처럼 세상에는 각양각색의 사물들이 생겨났다가 사라지지만 도는 영원히 변치 않고 자신이 맡은 바를 다하며 존재한다네."

03

빵을 얻기 위해
싸울 필요가 있을까?

 쉬는 시간이 되자 배고파진 민경은 이미 쭈글쭈글해진 빵을 재빨리 먹어치웠다. 빵 하나로 허기진 배를 채울 수가 없었지만, 짧은 쉬는 시간을 이용해 뭘 먹으러 갈 수도 없었다. 빵을 먹고 배고파하는 민경을 본 학생들이 웃으며 말했다.

 "노자 교수님의 지혜를 먹는 거로는 부족한가 보지?"

 "가장 가까운 자리에 앉아 배우면서도 여전히 허기가 지나 봐?"

 "맞아, 지혜의 양식은 빵만큼 영양가 있지 않은가 보네?"

 원래부터 기운이 없던 민경은 주변의 놀림에 더욱 시무룩해졌다. 그때 노자 교수가 자신의 옷매를 정리한 뒤 다시 수업을 시작하려

했다.

그 모습을 본 민경도 강단 위로 올라와 앉았다. 노자 교수가 그녀를 바라보며 싱긋 미소를 짓자 힘없던 민경의 두 눈에도 생기가 돌았다. 그녀의 눈빛은 마치 노자 교수가 어떤 어려운 문제를 내든 대답할 준비가 되어 있다고 말하는 것 같았다.

"이번에는 자리를 정확하게 찾아 앉았군. 내 질문에 대답해 줄 사람이 필요했는데 잘 됐어. 그런데 빵이 보이지 않네? 하긴 빵은 인류의 생존에는 아주 유용하지만 인생의 마지막까지 추구할 만한 것은 아니지. 이번 강의의 소재로 계속 쓰기에는 적합하지 않겠군."

잠시 생각을 다듬는 듯 말을 멈췄던 노자 교수는 민경에게 질문했다.

"학생이 보기에 자신의 인생에서 추구해야 할 게 뭐라고 생각하나?"

노자 교수가 질문했는데도 민경은 바로 대답하지 못했다. 너무 배고픈 나머지 노자 교수가 빵이란 단어를 내뱉는 순간 빵을 먹고 싶다는 생각에서 헤어 나올 수가 없었다. 노자 교수가 다시 한번 질문을 한 뒤에야 겨우 정신을 차린 그녀가 대답했다.

"사람의 인생에서 추구할 만한 가치가 있는 건 진리라고 생각해요. 진리는 사람에게 유익하고 사회에 긍정적인 역할을 하니까요. 그리고 빵이나 우유 같은 건 진리를 추구하는 길에서 얻어지는 거죠."

민경이 아무 생각 없이 떠오르는 대로 말하자 강의실이 웃음소리로 가득했다. 노자 교수도 웃음을 터뜨리며 말했다.

"내가 하는 질문마다 이런 식으로 대답하니 다른 사람들이 자네를 내가 심어놓은 '바람잡이'로 알겠어."

강의실이 웃음소리로 가득한데도 민경은 아랑곳하지 않은 모습이었다.

"좋아, 이 학생이 말한 것처럼 우리는 객관적 진리를 추구해야 하네. 물론 여기서 객관적 진리란 도를 말하는 것이지."

노자 교수가 본격적인 강의를 시작했다.

"하늘과 땅은 항상 변치 않은 모습을 유지하고 있지. 이처럼 하늘과 땅이 오래도록 자신의 모습을 유지할 수 있는 것은 스스로 생성生成, 어떤 상태에서 변해 다른 것이 됨 하지 않기 때문이야. 그래서 오래도록 살아갈 수 있지. 마찬가지로 성인은 자신을 뒤로 물리는데도 오히려 앞에 있고, 자신의 몸을 밖으로 빼는데도 몸을 보존할 수 있다네. 바로 사심이 없어서 그런 게 아니겠는가? 사심이 없기에 성인은 항상 앞에 서서 자신의 몸을 보존할 수 있는 거야."

갑자기 난해한 내용이 들리자 약속한 것처럼 학생들은 일제히 미간을 찌푸리며 목을 앞으로 쭉 뺐다. 그 모습에 노자 교수가 재미있다는 듯 웃으며 말했다.

"이 말이 어려운가 보군? 그럼 더 쉽게 풀어서 설명해 주겠네. 하늘과 땅이 오래도록 변치 않고 운행할 수 있는 건 자신의 생존을 위해 운행하지 않기 때문이라네. 그래서 하늘과 땅은 오래도록 생존할 수 있지. 그리고 선두에 서서 항상 사람들을 지휘하는 사람은 늘 겸손하게 사양할 줄 알고 자신의 개인적 이익에는 관심이 없기에 항상 리더의 자리를 유지할 수 있는 것일세.

그러니 하늘과 땅처럼 사심 없는 마음을 가지는 것도 사람이 추구해야 할 가장 높은 경지라 할 수 있지. 도가 있는 하늘과 땅이 영원히 변치 않고 운행하듯이 도를 가진 사람도 선두에 서서 사람들을 이끌 수 있네.

여러분이 어려워하는 듯하니 더 좋은 예를 가지고 사람이 추구해야 하는 게 무엇인지 설명해 주도록 하겠네."

노자 교수가 천천히 앞으로 몇 걸음 걸어간 뒤 다시 설명을 시작했다.

"최고의 선은 물과 같지. 물은 만물을 이롭게 하면서도 다투지 않고, 모든 사람이 싫어하는 곳에도 머무니 도와 비슷하다고 할 수 있네. 낮은 곳에 머무르려 하고, 깊은 마음을 좋아하며, 어진 마음으로 사람과 어울리고, 믿음 있게 말하며, 공정하게 다스리고, 능숙하게 일을 하며, 때에 맞춰 적절히 움직이니 다투는 것도 없고 허물도 없지."

다정하게 설명해 주는 노자 교수의 모습은 물처럼 부드럽고 인자

해 보였다.

"이처럼 일상생활에서 인류가 가장 본보기로 삼기 좋은 것이 물이네. 고상한 사람 중에서 물과 같은 인품을 가지고 있는 사람들이 많네. 그들은 낮은 곳에 머무르며 부드럽게 모든 걸 감싸고 만물을 적셔 키우는 물처럼 항상 겸손하게 행동하며 세상을 이롭게 하면서도 싸우지 않는다네. 가장 완벽한 인격을 가진 사람만이 이런 마음과 행동을 할 수 있는 것이지.

다른 사람에게 이로운 일을 하면서도 싸우지 않는 사람, 자신을 알아주지 않는데도 기꺼이 다른 사람이 하기 싫어하는 일을 하는 사람, 자신의 힘을 다른 사람을 돕는 데 쓰는 사람을 바로 고상한 사람이라 하네."

노자 교수가 숨을 고르는 사이 갑자기 남자 목소리가 끼어들었다.

"교수님, 지금 저희가 사는 시대는 교수님이 사셨던 시대와는 다릅니다. 교수님이 사셨던 시기에는 순수하게 선의를 품고 있는 사람을 대접해 줬을지 모르지만 지금은 그렇지 않습니다. 오히려 겉으로만 선한 척하고 뒤로는 자기 이익을 챙기는 사람들이 더 대접받습니다. 이런 시대에서 살아가는 저희가 만약 싸워서 자신의 이익을 쟁취하지 않는다면 어떻게 살아갈 수 있겠습니까?"

갑자기 수업을 끊고 질문한 사람은 키가 크고 호리호리한 학생이었다.

"그럼, 자네는 겉으로만 선한 척하고 뒤로는 자기 이익을 챙기는 사람이 되고 싶다는 건가?"

노자 교수는 학생의 질문을 침착하게 듣더니 다시 반문해 물었다.

"당연히 가식적인 사람보다는 순수하게 선의를 품을 수 있는 사람이 되고 싶지요."

"그렇다면 자네는 자신이 순수하게 선의를 품고 있다고 생각하나?"

노자 교수가 계속해서 학생에게 질문했다.

"순수하게 선의를 품은 사람은 못되더라도 최소한 겉으로는 선한 척하고 뒤로는 자기 이익을 챙기는 간사한 사람은 아닙니다."

학생의 목소리가 조금씩 떨리기 시작했다. 하지만 흥분한 학생과 달리 노자 교수는 차분한 미소를 짓고 있었다.

"그래, 선한 사람이 되려 하는 마음이 있다면 그것으로 충분한 거네. 강과 바다가 모든 골짜기의 왕인 이유는 기꺼이 아래쪽에 있기 때문이네. 그래서 모든 골짜기의 왕이 될 수 있는 거야."

싸우지 않고 어떻게 살 수 있냐는 학생의 질문에 노자 교수가 차분한 목소리로 답을 해 주었다.

"천하의 모든 물이 강과 바다로 흘러가는 이유는 그것들이 아래에 있기 때문이네. 그래서 산 위에서 내려온 골짜기 물이 거스르지 않고 강과 바다로 흘러가는 것이네. 이렇듯 자신의 몸을 낮춘 채 누구와도 싸우려 하지 않으면 아무도 싸우려 하지 못한다네.

다투지 않는 물은 부드러움으로 단단한 물체도 감쌀 줄 알고, 형체가 없어도 틈도 보이지 않는 견고한 물건을 관통할 수 있네. 바로 가장 부드러움으로 강함을 이기는 것이지."

질문한 학생이 묵묵히 자신의 자리에 앉자 노자 교수가 사람들을 바라보며 말했다.

"아까 학생이 말한 보이는 곳에서는 선한 척하고 뒤로는 자기 이익을 챙기는 사람은 강한 사람일까 약한 사람일까? 아마도 겉은 강하면서 속은 약한 사람이라 할 수 있겠지. 이런 사람들은 쉽게 성공하지만, 또 쉽게 무너진다네. 하지만 반대로 겉으로는 약해 보이지만 속이 강한 사람들은 아무리 힘든 역경을 만나더라도 이겨낼 수 있어.

요즘 사람들은 서로 빵을 가지겠다고 싸우면서도 빵이 어디서 왔는지는 잊어버리고 있지. 앞에서 말했듯이 빵은 우리가 인생 마지막까지 추구해야 할 목표가 아니네. 그렇다면 우리의 인생에서 추구해야 할 건 무엇이라 생각하나?"

04

인생 마지막까지
추구해야 할 목표

"우리는 '빵은 어디서 왔는지', '빵은 왜 만두가 아닌지'와 사람들이 빵을 얻으려 싸우는 문제에 관해 이야기했네. 지금부터는 인생에서 추구해야 할 목표가 무엇인지에 대해 다뤄 보도록 하지."

쉬는 시간을 틈타 배를 채운 민경은 훨씬 여유가 생겼고, 노자 교수의 말도 또렷하게 들렸다.

"그럼, 강단 위에 있는 학생이 했던 대답을 근거로 이어서 진행해 보도록 하지."

노자 교수가 민경에게 걸어오며 물었다.

"자네가 인생에서 추구할 만한 건 진리라고 하면서 빵과 우유 같은 건 진리를 추구하는 길에 얻어지는 거라고 그랬지? 자네는 무슨 생각으로 그런 말을 한 건가?"

노자 교수가 이렇게 갑자기 질문해 오니 민경은 머릿속이 아득해졌다. 당황한 그녀가 애써 마음을 가라앉히고는 재빨리 머리를 굴려보려 했지만, 너무 많이 먹은 탓인지 대답할 말이 잘 떠오르지 않았다.

"진리는 도를 말한다고 생각해요. 빵도 도에 의해서 만들어졌고, 우유도 도에 의해서 만들어졌으니 도를 추구하다 보면 자연스럽게 따라오지 않을까요?"

적당한 대답이 떠오르지 않은 그녀가 그냥 머릿속에서 생각나는 대로 말했다.

"이야! 정말 총명한 학생이군! 매번 이렇게 정확한 대답을 하다니. 꼭 내 마음속을 들여다본 것 같아."

노자 교수의 칭찬에 민경이 어색한 미소를 지었다. 오랜만에 자신과 생각이 같은 사람을 만난 노자 교수가 만족스럽게 고개를 끄덕였다.

"빵은 인생에서 추구해야 할 목표가 될 수 없지. 그렇다면 우리가 살면서 추구해야 할 최종 목표는 무엇일까? 바로 방금 학생이 말한 도라네. 도의 개념을 다시 한번 되짚고 넘어가도록 하지.

먼저 도의 형태는 명확하게 고정되어 있지 않고 어렴풋하고 흐릿

한 상태에 있네. 이렇듯 외형은 아주 모호하지만, 그 안에는 영묘한 실체가 있지. 그럼, 도를 통해서 우리가 알 수 있는 건 뭘까? 도를 통해서 우리는 세상의 모든 일과 만물의 최초 시작을 관찰할 수 있고, 이로써 세상의 모든 일과 만물이 어떻게 시작되었는지를 알 수가 있네.

또한 도는 영원히 변치 않고 존재하는 물질일세. 하지만 세상의 물질은 아니므로 우리가 도에 직접 접촉할 수는 없네. 그저 어렴풋하게 느끼고 이해할 뿐이지. 지금 이렇게 수업하는 중에도 도는 계속 순환 운동을 하면서 자신의 역할을 발휘하고 있네. 또 미약하지만, 천하 만물의 생성과 운행을 이끌고 있으므로 도는 규율이라 할 수도 있네."

노자 교수가 도가 순환하는 모습을 표현하려는 듯 집게손가락을 뻗어 동그라미를 그리면서 설명했다.

"이처럼 도가 천하 만물의 운행을 이끄는 규율이라면 구체적으로 이런 규율이 드러나는 현상으로는 무엇이 있을까? 이 문제에 대해서 대답해 볼 사람이 있나?"

"음과 양이 아닐까요?"

"대립의 통일?"

"저는 모순일 것 같아요."

노자 교수가 설명하려는 내용을 이미 다 안다는 듯이 강단 아래 사람들이 연이어서 대답을 내놓았다. 여러 대답 소리가 들리는 데도 민경은 빵은 추구해야 할 목표가 아니라는 노자 교수의 말을 곰곰이 생각하고 있었다.

"여기서 명확하게 지적할 점은 내가 말하는 도는 여러분이 이해하는 것처럼 추상적인 규율이 아니라 만물의 운행을 이끄는 역할을 발휘하는 규율이네.

있음과 없음은 서로 생기게 하고, 어려움과 쉬움은 서로를 이루게 하며, 길고 짧음은 서로 드러나게 하고, 높고 낮음은 서로 측정하며, 음절과 소리는 서로 화합하고, 잎과 뒤는 서로 따르니 항상 변치 않는 것이네."

노자 교수가 숨겨진 세상의 이치를 밝히는 사람처럼 근엄한 표정과 진지한 목소리로 말했다.

"재물을 지나치게 아끼면 반드시 크게 쓰게 되고, 재물을 너무 많이 모으려 하면 반드시 크게 망하는 법이네. 그러므로 만족할 줄 알면 모욕을 당하지 않을 수 있고, 분수를 알면 위태롭지 않을 수 있으니 오래도록 보존할 수 있지.

움츠러들게 하려면 반드시 먼저 펴지게 해야 하고, 약하게 하려면 반드시 먼저 강하게 해야 하며, 그만두려면 반드시 먼저 시작을 해봐야 하고, 얻으려 하면 반드시 먼저 줘야 하는 법이야."

진지한 표정으로 있던 민경은 속으로 노자 교수의 말에 일리가 있다고 생각했다.

"내 말이 무슨 뜻인지 알겠는가? 하늘과 땅 사이에 존재하는 만물은 대립과 통일이네. 있음과 없음, 어려움과 쉬움, 길고 짧음은 모두 서로 대립함으로써 형성되지. 그러니 뭐든지 지나치면 독이 되듯이 명예와 이익만 좇으면 더 많은 대가를 지급해야 하고, 지나치게 재산을 모으려 하면 더 큰 손실을 보게 되는 것이네. 그러니 어떤 일이든 정반대의 방법으로 문제를 해결할 줄 아는 자세가 필요하네.

도의 규칙이 지닌 역할을 이해하면 일상생활에서의 일을 더욱 잘 처리할 수 있네. 그중에서도 도에 내포된 교훈 중 여러분에게 가장 중요한 것은 인생의 도야."

노자 교수가 천천히 숨을 고르고 강의실 곳곳에 눈을 두며 말을 이었다.

"여러분에게 인생의 도에 관한 내용을 알려줄 테니 구체적인 뜻은 스스로 체득하길 바라네. 만일 내 말로 도움을 얻을 수 있다면 지금까지 한 수업도 헛된 건 아니겠지.

'솔직한 말은 아름답지 않고, 아름다운 말은 솔직하지 않다. 선한 사람은 말을 잘하지 못하고, 말을 잘하는 사람은 선하지 않다. 지식을 아는 사람은 박식하지 않고 박식한 사람은 지식을 알지 못한다. 성인은 모으지 않고 다른 사람을 위하는데도 더욱 풍족하며, 다른 사람에게 베풀어도 더 많이 가지게 된다.

그래서 하늘의 도는 이로울 뿐 해롭지 않으며, 성인의 도는 다른 사람을 위할 뿐 다투지 않는다고 하는 것이다.'"

이 말을 끝으로 노자 교수가 몸을 돌려 장막 안으로 들어가자 강의실의 전등이 밝게 켜졌다. 그러자 사람들도 강의실을 떠났다. 이렇게 '재미있는 철학' 첫 번째 수업이 끝이 났다.

사람들이 우르르 일어서자 아직 상황 파악이 안 된 듯 멍한 표정을 짓고 있는 민경의 머릿속은 여러 의문이 가득했다.

'이게 끝이라고? 빵은 어쩌고? 빵은 왜 추구해야 할 목표가 아닌 건데?'

한동안 강의실에 우두커니 서 있던 민경이 재빨리 장막 뒤로 달려갔다. 자신이 가진 의문을 직접 노자 교수에게 물어볼 생각이었다. 하지만 놀랍게도 장막 뒤에는 아무도 없었다. 애초에 아무도 존재하지 않았던 것처럼 노자 교수는 연기처럼 흔적도 없이 사라져 버렸다.

공자
'중용'

치우치지 않는 것不偏之謂中, 바뀌지 않는 것不易之謂庸.
변화되는 세계에 맞게中 쓰는庸 것.

대성지성문선왕大成至聖文宣王 / 인仁 / 유가의 시조始祖
중국 춘추시대의 정치가, 사상가, 교육자. 노나라의 문신이자 작가이면서,
시인이기도 하다. 공자의 중심사상은 제자들과 나눈 문답 형식의
언행집인 《논어》로 인간이 취하여야 할 모든 행동의 궁극적 지향점이
인仁에 있다고 본다. 공문십철孔門十哲이라 불리는 10명의 제자를 키워
공자-증자-자사-맹자로 이어지는 학파가 형성되었다.

01

딱 좋은 게
가장 좋은 걸까?

　노자 교수의 수업을 듣고 어느새 일주일이 지났다. 호기심이 많은 민경은 한 문제에 오랜 시간 집중하는 스타일이 아니었기 때문에 이미 지난주에 들었던 수업 내용을 대부분 잊어버린 상태였다. 이렇듯 빵이 어디서 왔는지에 대한 문제는 머릿속에서 지워진 지 오래였지만, '재미있는 철학' 수업 시간은 잊지 않고 있었다.

　민경은 지난 수업처럼 지각해서 창피한 꼴을 당하지 않으려고 룸메이트와 함께 일찌감치 강의실을 찾았다. 학교에서 수업하는 교수들 명단을 알려주지 않았기 때문에 매주 어떤 사람이 나올지 추측하는 것도 또 하나의 재미였다.

모두가 기대 가득한 눈빛으로 기다리고 있을 때 강의실 불이 갑자기 꺼지더니 강의실 중간의 전등 몇 개만 켜졌다. 불빛이 모이는 곳에 한 남자가 서 있었다. 키가 크고 체격이 우람한 것이 위풍당당한 모습이었다.

　　"강의실 자리가 꽉 찬 걸 보니 가장 좋은 상태로군. 너무 많이 와서 몇몇 사람들이 앉지 못하고 서서 강의를 듣는다면 강의가 제대로 될 수 없지. 또 사람이 너무 적게 와서 자리가 빈다면 공간 낭비가 아닌가. 그러니 지금이 딱 좋은 거지."

　　강단 위에 있는 교수의 말에 사람들이 미처 반응하지 못했다. 민경도 교수의 모습을 살피느라 그가 하는 말은 듣지 못했다.

　　"시작하기 전에 맨 앞줄에 앉아 있는 학생들이 강단에 올라와 함께 수업을 진행했으면 좋겠군."

　　이로써 또 한 번 강단에 올라갈 행운을 얻게 된 민경은 교수의 모습을 자세히 바라보면서 속으로 공자처럼 생겼다고 생각했다.

　　"좋아, 이제 수업을 시작해 보도록 하지. 조금 전에 내가 딱 좋다는 말과 가장 좋은 상태라는 말을 한 걸 기억하는가? 이 말은 오늘 내가 여러분에게 설명한 '중용'을 단적으로 표현한 말이네.

　　중용은 가장 높은 도덕이지만 사람들 대부분이 모르고 있지. 사실 중용을 실천하는 사람은 거의 없다네. 여러분은 중용에 대해 생각해 본 적 있는가?"

교수의 질문에 강의실 안이 웅성거리기 시작했다. 강단 위에 앉은 학생들도 귓속말로 의견을 나눴다.

"한 명씩 자기 생각을 이야기해 보도록 하지. 강단 위에 앉아 있는 학생들은 중용에 대해 어떻게 생각하나?"

교수가 강단 위에 있는 학생들을 둘러보며 말했다.

"중용은 다른 사람과 잘 어울려 살아가는 태도를 말하는 것 같아요. 쉽게 말해서 공정하게 일을 처리하는 거나 조화로운 인간관계를 맺는 걸 말하죠."

같은 앞줄에 앉아 있던 은지가 말했다.

"저는 지나치지 않은 적당한 선에서 일을 처리하는 게 중용이라고 생각해요."

원석이 자기 생각을 말하자 현준이 바로 입을 열었다.

"일을 원만하게 처리하는 걸 중용이라고 표현하지 않나요? 그러니까 중용은 중재인 같은 거죠."

"아냐! 지금 너희들이 말하는 우유부단하거나 적당한 것은 중용을 부정적이고 통속적인 관점으로만 바라보는 거야. 진짜 중용은 긍정적인 뜻을 가지고 있다고."

재성이 다른 학생들의 생각에 반박하며 말했다.

"무슨 소리야! 중용을 무조건 좋게만 봐서는 안 돼. 중국 소설가 루쉰도 중용을 나쁘게 평가했다고. 《아Q정전》에서 아Q가 줏대 없이 바보같이 행동하는 태도가 바로 중용이잖아."

재성의 말을 들은 현준이가 반박했다.

"말 같지도 않은 소리야! 네가 말한 중용은 교수님이 말씀하신 중용과 맞지 않잖아."

그러자 은지도 버럭 목소리를 높여 말했다.

강단 위에서 학생들의 의견을 듣고 있던 민경은 마치 법정 싸움을 보는 듯한 기분이 들었다. 도대체 중용은 무엇일까? 좋은 걸까 나쁜 걸까? 조금도 물러서지 않고 싸우는 학생들을 보면서 생각을 정리한 민경이 중재하며 말했다.

"섣불리 좋다거나 나쁘다고 단정 짓지 말고 바라봐야 중용의 가치를 알 수 있지 않을까?"

민경의 말을 끝으로 강의실 안이 조용해지자 교수가 다시 입을 열었다.

"모두 중용에 대해서 비교적 깊은 생각을 가지고 있는 것 같군. 나는 중용을 몇 가지 측면에서 바라보고 있네. 그중 첫 번째로 중용은 높은 도덕 경지라네. 일반 사람들은 다다르기 힘들어서 군자를 평가하는 중요한 기준이 되지. 두 번째로 여러분이 언급하지 않은 부분인데, 중용은 중도를 실천하는 방법이네. 마지막으로 중용은 흔들리지 않는 원칙이지. 이 부분도 아주 중요한 부분이야. 중용의 도덕 경지는 모두 알고 있을 테니 나머지 두 부분에 대해서 집중적으로 설명하도록 하겠네."

교수의 설명이 시작되자 사람들이 기다렸다는 듯이 귀를 기울이기 시작했다.

"어느 날 제자 중 한 명이 나에게 찾아와서는 자공과 자하 중에 누가 더 나으냐고 묻더군. 그래서 내가 '자공은 지나치고 자하는 못 미친다'라고 답해 줬지. 내가 봤을 때 두 사람이 서로 부족한 부분을 보완한다면 '용중庸中, 평범한 중에 뛰어남'을 이뤄서 더 좋아질 것 같았거든.

군자는 중용을 지키고 소인을 중용을 거스른다는 말이 있지 않은가. 여기서 군자가 중용을 지킨다는 것은 항상 상황에 맞추어 행동한다는 뜻이야. 이처럼 중용은 상황에 맞춰서 지나치지도 않고 부족하지도 않게 행동하는 것이므로, 중도를 실천하는 방법이지.

또한 이러한 중용은 언제든지 표준을 지키려는 원칙이기도 하지. 그러니 권력을 두려워해서 두루뭉술하게 일을 처리하는 건 중용이라고 할 수 없네."

여기까지 설명한 공자 교수가 숨을 고르고 진지한 목소리로 말했다.

"한마디로 중용은 이상적인 경계이자 기본적인 방법이라 할 수 있네. 세상에는 수도 없이 많은 대립이 존재하지 않는가? 이런 대립 속에서 조화를 찾아 극복하는 것이 바로 중용의 도인 것이지."

02

천명이란
무엇일까?

"중용에 대해서는 계속해서 이야기해 볼 것인데, 일단 먼저 다룰 것은 '천명'에 대해서야."

여전히 '중용'에 대해 생각하고 있던 민경을 비롯한 사람들이 아쉽다는 표정을 지었다. 생각을 다 정리하지 못한 민경은 교수가 말한 '천명'이란 단어에 어리둥절한 표정을 지었다.

"천명을 이야기하기 위해서는 먼저 중요한 두 가지 개념인 '천'天 과 '명'命 에 대해 생각해 보아야 하네. 여러분이 보기에 '천'과 '명'이 뜻하는 게 무엇인 것 같나?"

교수의 말에 강의실이 다시 술렁이기 시작했다. 잠시 뒤 생각을 정리한 학생들이 대답하기 시작했다.

은지: "천은 하늘이란 뜻이니 말 그대로 자연의 하늘을 말하는 것 같고 명은 사람의 생명을 말하는 게 아닐까요?"

원석: "저는 하늘은 일종의 자연의 법칙을 뜻하고, 명은 생명에 대한 개념을 말한다고 생각해요."

현준: "제가 봤을 때 하늘은 일종의 상징이고, 명은 일종의 표현인 것 같아요."

재성: "저는 천명이 하늘과 사람의 목숨을 말하는 거라고 알고 있어요."

재성의 말을 끝으로 강의실 안이 조용해졌다. 강단 아래 있는 학생들은 마치 잘못을 저지른 어린아이처럼 입을 꾹 다물었고, 강단 위에 있는 학생들도 서로 눈치를 보았다. 모든 시선이 교수에게 집중되었다.

"좋아. 다른 사람 중에서 천과 명에 관해 이야기해 볼 사람은 없나?"

교수가 강단 아래 사람들을 바라보며 물었다.

"하늘과 명은 서로 호응한다고 생각해요."

금테 안경을 쓴 남학생이 말했다.

"맞아요. 천명도 하나의 개념이기 때문에 서로 호응하는 부분이 있겠죠."

키가 큰 남학생이 고개를 끄덕이며 호응했다.

교수는 두 학생의 말에 고개를 끄덕이고는 설명을 하기 시작했다.

"사람들은 대부분 '천명'에서 하늘을 뜻하는 '천'은 만물을 지배하는 아주 높은 것이며, '명'은 하늘의 뜻에 따라 움직이는 것이라 생각하지. 바로 이런 관점에서 두 학생은 천명이 호응한다고 말한 거겠지."

말을 마친 교수가 양손을 맞잡고는 허리를 곧게 폈다. 강의실을 찬찬히 바라보더니 다시 입을 열었다.

"나는 하늘이 객관적인 자연 존재이자 특수한 힘을 가진 것이라 생각하네. 그래서 하늘은 세상 만물을 다스리고, 사람들에게 도덕심을 부여해 줄 수 있지.

하늘이 말하는 걸 들어본 적 있는가? 계절이 바뀌고 만물이 자라나지만, 하늘은 아무런 말도 하지 않지. 하늘은 만물을 다스리면서도 통제하지 않고, 사람을 지도하면서도 속박하지 않네.

한번은 내가 위나라를 떠나 진나라로 가던 중 송나라를 지나게 되었네. 제자들과 함께 큰 나무 아래서 주례 의식을 연습하던 중이었네. 그때 환퇴桓魋라는 사람이 큰 나무를 쓰러뜨려 나를 죽이려 하자 제자들이 안절부절못하며 나에게 빨리 도망치자고 말했어. 하지만 하늘에서 어진 덕을 부여받은 내가 환퇴 같은 소인에게 죽을 리가 없지 않은가? 그래서 제자들에게 '하늘이 나에게 덕을 주었는데 환퇴 같은 자가 나를 어떻게 해칠 수 있겠느냐?'라고 말했다네.

이처럼 신비한 힘을 가진 하늘은 인간에게 도덕심을 부여해 줄 수 있고, 특수한 사명을 부여해 줄 수도 있네."

"그 말은 하늘이 영혼을 가지고 우리를 지켜보면서 잘할 때는 상을 내려주고 잘못했을 때는 벌을 내려준다는 건가요?"

교수가 잠시 숨을 고르는 찰나에 민경이 질문했다. 궁금한 마음에 자신도 모르게 질문을 한민경은 생각보다 큰 자신의 목소리에 흠칫 놀랐다.

"하늘이 영혼을 가졌는지는 직접 확인하거나 들은 사람은 없으므로 확답을 할 수는 없네. 그리고 하늘이 사람의 행동에 따라 상과 벌을 주는지는 다음 시간에 설명하도록 하지."

민경의 질문에 간단하게 대답한 교수가 다시 앞을 바라보며 자신의 수업을 이어갔다.

"이러한 도가 행해지려고 하는 것도 명이고, 도가 쇠퇴하려 하는 것도 명이네.

여러분은 명이 뭐라고 생각하는가? 명은 사람의 힘으로 통제하거나 예측할 수 없는 힘을 말하네. 그래서 사람은 이미 정해진 운명을 거스를 수가 없지. 그러니 사람은, 운명 밖에 있으며 자신의 것이 될 수 없는 것을 맹목적으로 가지려 해서는 안 되네.

나는 열다섯 살 때 학문에 뜻을 두었고, 서른 살 때 자립했으며, 마흔 살이 되어서는 흔들리지 않았고, 쉰 살에는 천명을 알게 되었지. 그리고 예순 살 때는 귀가 순해졌고, 일흔 살 때는 하고 싶은 대로 해도 법도에 어긋나지 않게 되었다네. 군자가 두려워하는 게 세 가지가 있는 데 그중 하나가 천명이고 나머지는 대인과 성인의 말씀일세."

천명에 대한 설명을 들으며 알 듯 말 듯한 표정을 짓던 사람들이 쉰 살에 천명을 알았다는 교수의 말에 놀란 표정을 지었다. 그리고는 모두 '사람이 천명을 알게 된다면 어떻게 될까?' 하고 생각했다.

"대부분의 상황에서 '천'과 '명'은 좋게 이해되고 있네. 천명은 살면서 맞닥뜨리는 우연한 일의 전체라 할 수 있어. 그러니 '천명을 안다는 것'은 이러한 사건이 발생하는 대체적인 법칙을 알고, 자신의 인생의 흐름을 예측할 수 있다는 의미이지. 이러한 과정에서 우리는 쉽게 이룰 수 있는 일도 있고, 노력해서 이룰 수 있는 일도 있으며 노력해서도 이룰 수 없다는 일도 있다는 걸 알 수 있지.

물론 '천명'을 아는 건 쉰 살은 넘어야 가능하다고 생각하네. 그럼, '천명'을 알게 된 사람은 '천명'을 무시해도 될까? 나는 그럴 수 없다고 생각하네. 사람은 천명에 따라 행동해야 하고, 천명을 알고 난 뒤에도 두려워하는 마음을 품고 있어야 하네. 물론 사람이 적극적인 방법을 통해 '천명'에 영향을 줄 수는 있겠지만, 그렇게 강압적으로

'천명'을 바꾸려 한다면 결국에는 자신 역시 대가를 치러야 할 테니까."

03

군자란
어떤 사람일까?

강의를 들으면 들을수록 민경은 오늘 강의하는 교수가 공자라는 확신이 생겼다. 하지만 교수가 수업하는 내용에는 왠지 모르게 '핵심'이 빠져 있는 것 같았다. 민경은 오늘 강의를 하는 교수가 정말 공자라면 왜 자신의 철학 중 가장 핵심 내용을 설명하는 않는 것일지 궁금했다.

"지금까지 중용과 천명에 관해 이야기를 나눠 봤으니 이번에는 군자에 대해서 말해보도록 하지. 여러분은 어떤 사람을 군자라고 불러야 한다고 생각하나? 이번에는 시간을 아끼기 위해서 강단 위에 있는 학생들의 이야기만 들어보도록 하겠네."

이전과 다르게 모두가 토론할 기회를 주지 않고 강단 위에 있는 학생들에게 바로 대답하라고 하자 강단 위에 있던 학생들이 당황한 표정을 지었다. 모두 눈동자만 이리저리 굴리고 있는데 민경이 대답했다.

"군자는 입으로만 말하고, 손은 쓰지 않는 사람이에요."

공자 교수의 생각을 일찌감치 간파한 민경이 첫 번째로 대답하자 이어서 다른 학생들도 대답하기 시작했다.

은지: "군자는 사람의 아름다운 부분을 이룰 수 있게 해 주고, 소인은 악한 부분을 이룰 수 있게 해 줘요."

원석: "군자는 심성이 고르고 넓고, 소인은 항상 조바심을 내고 불안해하죠."

현준: "군자는 물처럼 사람들과 교류하는 사람을 말해요."

재성: "저는 군자가 사람들과 조화롭게 지내되 자신의 신념을 지키는 사람이라 들었어요."

민경을 시작으로 학생들이 경쟁하듯 《논어》의 구절을 인용해 공자 교수의 질문에 대답했다.

"그래, 이제 됐네. 계속 말하다가는 내가 수업할 내용까지 다 말하겠구먼."

공자 교수가 강단 위에 있는 학생들의 말을 멈춘 뒤 본격적인 수업을 시작했다.

"나는 군자라면 첫 번째로 인품을 갖추고 있어야 하며 두 번째로 자신이 가진 인품을 드러낼 수 있어야 한다고 생각하네.

부유함과 진귀함은 사람이라면 누구나 얻고 싶어 하는 것이지만 정당한 방법으로 얻을 수 없으면 미련을 가지지 말아야 하고, 가난함과 천함은 사람이라면 누구나 싫어하는 것이지만 정당한 방법이 아니라면 굳이 벗어나지 않아야 하지. 더구나 군자가 어질지 않다면 군자라 할 수 있겠는가? 군자는 밥을 먹을 때도 어질지 않음이 없으니 급해도 어질게 행동하고, 곤경에 빠져도 어질게 행동한다네."

사람들이 일제히 무슨 소리인가 하는 표정을 짓자 공자 교수가 웃으면서 설명했다.

"이를 풀어서 말하자면 부귀는 사람이라면 누구나 이루고 싶은 것이고, 가난은 누구나 피하고 싶어 하는 것이지만 군자라면 부당한 방법을 이용해 부귀를 이루거나 부당한 방법을 이용해 가난을 피하지 않는다는 거네. 그리고 어진 덕은 군자에게는 없어서는 안 될 기본적인 소양이므로, 군자는 어떠한 상황에서든 어진 덕에 따라 행동한다는 걸세.

앞에 학생들이 군자와 소인을 비교해서 이야기했으니 나도 두 유형의 사람을 비교해서 설명해 보도록 하겠네. 그러면 군자가 가진 고상한 인품을 더 잘 이해할 수 있을 거네.

군자는 마음속에 덕을 품고 있지만 소인은 마음속에 땅을 품고 있고, 군자는 마음속에 형벌을 품고 있으면 소인은 마음속에 은혜를 품고 있다네. 또 군자는 정의에 밝고 소인은 이익에 밝지."

공자 교수가 군자와 소인을 비교해서 설명하자 사람들이 노트에 필기를 시작했다.

"마지막으로 군자는 위로 통달하고 소인은 아래로 통달하네.

정리해서 설명하자면 군자는 항상 큰 덕과 이치를 생각하는 반면 소인은 작은 선심과 이익만 생각하는 특징이 있어. 그리고 군자는 힘든 상황에서도 도덕과 정의를 지키려 하지만 소인은 자신의 부귀에만 골몰하지.

"교수님, 그렇다면 군자는 도덕적인 인품만 생각하고 가난에 대해서는 생각할 필요가 없는 건가요? 사람이라면 누구나 자신의 생계를 신경 써야 하는 거 아닌가요?"

통통한 체구의 남학생이 일어나 공자 교수를 향해 질문했다.

"사람이라면 누구나 생계를 걱정해야 하지. 군자라고 해서 가난을 피할 수 있는 건 아니니까. 그리고 보니 내 제자 중에서도 이와 비슷한 질문을 한 적 있어."

공자 교수가 눈을 지그시 감고 옛일을 떠올리다가 말했다.

"진나라에 있었을 때였지. 가지고 있던 식량이 다 떨어져서 모두가 배를 곯아 앓아누울 지경까지 되었다네. 그러자 내 제자 중 한 명이 나에게 '군자가 어떻게 가난할 수 있습니까?'라고 쏘아붙이며 묻더군. 그래서 나는 태연하게 '군자도 당연히 가난할 수 있다. 다만 군자는 가난하더라도 잘못된 일은 하지 않지만, 소인은 가난하면 잘못된 일도 서슴없이 하는 법이다'라고 말해 주었네.

방금 군자도 가난을 생각할 필요가 없냐고 물어본 학생에게도 같은 대답을 해 주고 싶네. 군자도 사람이니 가난을 싫어하고 생계를 고민해야 하지. 다만 군자라면 이러한 상황에서 잘못된 길에 들어서지 않고 옳은 방법으로만 해결할 수 있어야 하네."

질문한 학생이 고개를 끄덕이며 자리에 앉자 공자 교수가 학생들과 눈을 마주치며 말했다.

"그러면 도덕심을 가진 사람은 모두 군자인 걸까? 이 점에 대해서는 나도 쉽게 결론을 지을 수 없네. 다만 도덕심을 가진 사람을 반드시 군자라고 할 수는 없지만 소인이 아닌 건 분명하지.

이제 군자가 가지고 있는 두 번째 특징을 이야기해 보도록 하지. 군자가 자신이 가진 인품을 드러내는 걸 군자의 풍모라고 하네. 일을 대하는 태도나 사람과의 교류 등에서 뛰어난 모습을 드러내는 걸 말하지. 그럼 내가 군자의 풍모를 표현한 말들로 예를 들어 설명해 보도록 하겠네. 군자는 일할 때 정의롭게 진행하고 예의 있게 행동하며 겸손하게 표현하며 믿음으로써 완성하는 법이네. 이것이야말로 군자답다고 할 수 있지!

'군자는 자신의 잘못을 돌아보고 소인은 다른 사람에게 책임을 전

가한다.'

'군자는 자부심을 가지면서 다투지 않고, 다양한 사람과 어울리면서도 편을 가르지 않는다.'

'군자는 말만 가지고 판단해 사람을 추천하지도 않고, 마음이 안 든다고 필요한 말을 무시하지도 않는다.'

이러한 말들이 군자의 풍모를 가장 잘 표현한 것이네. 군자는 일할 때 정의를 기초로 삼고, 예의 있게 행동하네. 그리고 겸손한 말을 사용해 자신의 관점을 전달하고 성실한 태도로 모든 일을 완성하지.

또한 군자는 자신에게 엄격하게 하면서도 다른 사람에게는 너그럽게 대하는 사람이네. 다른 사람들과 함께 어울리면서도 항상 일정한 거리를 유지하고, 자신의 이익을 위해 결탁하는 행동도 하지 않으며, 더구나 사람의 말만 믿고 모르는 사람을 추천하거나 잘못된 소문만을 믿고 사람을 함부로 판단하지도 않지. 이처럼 군자는 항상 너그럽고 선량한 마음을 품고 있는 사람이라 할 수 있네."

민경을 비롯한 사람들은 모두 생각에 빠졌다. '나는 군자다운 사람일까? 우리 주변에는 군자다운 사람이 얼마나 있을까?' 군자의 풍모를 지닌다는 건 어려운 일임이 틀림없었다.

"그래서 나는 군자는 곧은 인품을 가지고 있을 뿐만 아니라 사회에서 책임과 의무를 다하는 사람이라 생각하네. 동시에 관용, 예의, 겸손 등 뛰어난 인품을 갖추어 사람과 일을 대할 때 군자의 풍모를 드러낼 수 있어야 하지.

　그럼 이제 내가 지금까지 말한 내용을 근거로 군자의 기준을 머릿속에 세워 보도록 하게. 그런 뒤 이러한 기준에 자신이 얼마나 부합하는지 생각해 보고, 성공한 인사 중에서 기준에 부합하는 사람이 있는지도 생각해 보게.

　시대가 변해도 군자를 판단하는 기준은 변하지 않았네. 그러니 만약 이러한 표준에 부합하는 사람이 없다면 그건 사회가 변한 것이라고 볼 수 있겠지."

　말을 마치자 공자 교수가 강단을 내려갔다. 강단 위에서 공자 교수의 뒷모습을 지켜보던 민경의 머릿속에 훌륭하다 평가받는 위인들의 모습이 스쳐 지나갔다. 분명 군자다운 사람이 된다는 건 어려운 일임이 틀림없었지만, 시도해 볼 만한 가치가 있는 일이었다.

헤라클레이토스
'운동'

세계의 근원은 '불'
다른 물질로 전환되며, 만물을 만들어 내고,
발전을 추진한다.

로고스logos / 어두운 철학자Skoteinos / 같은 강물에 두 번 들어갈 수 없다
고대 그리스의 귀족 출신 철학자, 소크라테스 이전 시기의 주요 철학자로
만물의 근원을 불이라고 주장했다. 대립물의 충돌과 조화,
다원성과 통일성의 긴밀한 관계, 로고스에 주목했다.
한 방향의 변화와 그와 대응하는 다른 방향의 변화가 궁극적으로 균형을
이루는 정합적인 체계로 존재한다고 주장했다.

01

만물의 근원인
불

"흐름을 보니까 오늘은 맹자가 교수로 나올 게 분명해."

민경이 함께 걸어가고 있는 친구에게 말했다. 지난 두 번의 수업으로 '재미있는 철학' 과목이 학교 전체에 인기를 끌기 시작하면서 철학과 학생뿐만 아니라 다른 과 학생들까지 수업을 들으려 했다. 그러니 오늘은 더 일찍 가지 않는다면 앉을 자리가 없을 게 분명했다.

민경의 말이 일리가 있다고 생각했는지 옆에 있는 친구도 아무런 말을 하지 않았다. 노자, 공자 이후에 올 철학자로 가장 먼저 떠오르는 게 맹자였기 때문이다.

"아! 장자가 올 수도 있겠다."

강의실에 도착한 두 사람은 중간에서 약간 치우친 자리를 찾아 앉았다. 앉자마자 강의실에 노랫소리가 울려 퍼졌다.

"너는 이글이글 타오르는 불처럼 내 주변을 뜨겁게 태우고, 너는 모든 걸 밝히는 불처럼 내 주변을 밝히는구나."

갑작스러운 노랫소리에 모두 강단 위를 바라봤다. 하지만 강단에는 노래하는 사람은 보이지 않았다. 아마도 강단에 설치된 음향 장비에서 노랫소리가 나오는 것 같았다.

민경이 리듬에 따라 몸을 흔들자 주변에 있던 사람들이 이상하다는 눈초리로 그녀를 바라봤다. 그래도 그녀는 주변의 시선을 의식하지 않고 리듬에 맞게 몸을 흔들며 노래를 감상했다. 그렇게 노래를 듣던 민경은 노래의 완성도가 왠지 떨어지는 것 같다는 느낌이 들었다. 아무래도 정식으로 만들어진 노래라기보다는 누군가가 즉흥적으로 지어낸 느낌이었다. 왜냐하면 한동안 계속 들었는데도 '너는 이글이글 타오르는 불처럼 내 주변을 뜨겁게 태우고, 너는 모든 걸 밝히는 불처럼 내 주변을 밝히는구나'라는 가사만 계속 반복됐기 때문이다. 계속 같은 가사를 반복해서 듣다 보니 이러다가는 자신이 불이 될 것만 같은 기분이었다. 바로 그때 노래가 갑자기 '뚝' 하고 중단되었다.

"여러분, 만나서 반갑군. 이제 수업을 시작하도록 하지. 오늘은 내가 여러분과 함께 수업할 것이네."

수염을 덥수룩하게 기른 남자가 강단 위에서 나타났다. 한눈에
봐도 나이가 많아 보이는 남자는 총기 가득한 눈에 고풍스러운 분위
기를 풍기는 것이 꼭 서양 고전 영화에서 나오는 귀족 같은 모습이
었다.

비록 자신이 예상한 사람은 아니었지만 그래도 민경의 호기심을
자극하기에는 충분한 모습이었다.

"수업하기 전에 먼저 여러분을 만나게 되어 영광이라는 말을 하고
싶군. 여러분과 오늘 하루만 수업한다는 게 아쉬울 지경이야. 누구
나 하는 식상한 이야기긴 하지만 여러분에게 필요한 것은 지식을 쌓
는 일이네. 공부에 게으르면 절대 훌륭한 사람이 될 수 없다는 걸 명
심하도록 하게.

그럼 이제 나의 철학 사상을 설명해 주도록 하겠네. 여러분이 충
분히 인생의 지혜로 삼아도 될 만한 것들이지."

강단에 선 교수가 왠지 '귀족'일 것 같다는 민경의 예상과 걸맞게
이번에 온 교수는 짧은 말만 했을 뿐인데도 확실히 거만한 인상을
풍겼다. 하지만 오히려 그런 모습이 이전 두 교수의 모습과 상반되
면서 그녀의 호기심을 더욱 자극했다.

"먼저 세상은 어떤 모습인지, 인류는 어떤 모습인지에 대해 말해
보도록 하지. 이것들은 마치 다른 두 가지인 것 같지만 사실상은 한

가지네. 세상이든 인류든, 아니면 다른 무엇이든 모두 같은 거니까.

세상의 모든 것들은 신에 의해 창조된 것도 아니고, 인간에 의해 창조된 것도 아니네. 세상은 과거나 지금이나 미래나 항상 상황에 따라 불타기도 하고 소멸하기도 하는 영원히 살아 있는 불이거든.”

세상의 근원이 불이라는 교수의 말에 민경은 저절로 수업 시작 전에 들었던 노래가 떠올랐다.

“이와 같은 논리를 통해 우리는 세상의 모든 것의 근원은 ‘불’이란 결론에 이를 수 있네. 그리고 여기에는 우리가 반드시 기억해야 할 중요한 두 가지 면이 있지. 첫 번째, 외면에서 불은 세계의 근원 형태이며, 만물을 창조해냈다는 것이고, 두 번째, 내면에서 불의 원칙이 이 세상의 운동 방향을 결정했다는 것이네. 이로써 불과 만물은 끊임없는 순환되는 변화과정을 거치고 있네.”

민경은 조금도 쉬지 않고 열성적으로 자신의 철학을 설명하는 교수의 모습이 꼭 시험을 앞두고 교수들이 범위를 짚어 주는 모습과 비슷하다고 생각했다. 속사포처럼 빠르게 수업이 진행돼서 속도를 도저히 따라갈 엄두가 나지 않았기 때문이다. 심지어 필기할 여유조차 없었다.

“그렇다면 불은 왜 세상의 근원인 걸까? 그건 이 세상에 존재하는 여러 원소 중에서 불이 가장 정교하면서도 형체가 없는 원소이기 때문이네. 이건 다른 원소들에서는 볼 수 없는 특징일세.

인간 세상에 있는 물이나 불, 흙과 비교했을 때 하늘에서 온 불은 가장 신비로운 원소이며, 모든 원소와 비교했을 때 가장 위력이 큰 원소이기도 하네. 가장 밝고 뜨거운 불은 물을 증발시키고 흙을 잿더미로 만들어 버릴 수 있지. 비록 물, 흙, 공기 같은 원소들도 불에 영향을 끼칠 수 있지만, 각종 원소 중에서 불은 인류가 접근하기 어려워하는 원소이네.

물론 불이 세계 근원이라는 점을 뒷받침하는 가장 핵심적인 부분은 불이 스스로 운동할 뿐만 아니라 다른 사물들이 운동하게 할 수 있다는 것이네.

우리가 살아가는 우주는 신에 의해 창조된 것도 아니고 사람에 의해 창조된 것도 아니네. 우주는 스스로를 창조했으며, 우주의 질서는 그 자체의 로고스에 의해 규정되지."

교수는 잠시 숨을 가다듬고 빠르게 말을 이었다.

"로고스에 대한 문제는 다음 시간에 다시 이야기하도록 하지. 마지막으로 우리가 짚고 넘어가야 할 점은 불은 세상의 본질이며, 불과 세상 만물은 서로 전환되는 관계에 있다는 거네. 불은 일정한 형식을 통해 세상의 다른 물질들을 변화시킬 수 있지. 그래서 나는 여자를 '물과 같다'라고 말하는 걸 좋아하지 않네. 왜냐하면 세상 만물의 근원이 불이니 남자든 여자든 '불과 같다고 말하는 게 옳거든."

02

물은 왜 칼로 잘라도
계속 흐를까?

　쉬는 시간을 틈타 민경은 핸드폰으로 '세계의 근원 불'이란 단어를 검색해 봤다. 검색 결과를 살펴보던 그녀는 오늘 강의하는 교수가 전설적인 인물로 불리는 헤라클레이토스라는 걸 알았다.

　"어쩐지 자기 주관이 강한 것 같더라니, 강의하러 온 교수가 헤라클레이토스였군."

　교수의 정체를 안 민경이 연신 고개를 끄덕이며 혼잣말을 했다. 만약 정말 헤라클레이토스라면 다음 시간에는 '사람이 같은 강물에 두 번 들어갈 수 없는 이유'에 대해 배울 차례였다.

　"왜 세상의 근원이 불이라고 할까? 이전에 수업한 노자 교수는 세상의 근원이 도라고 했잖아."

민경 옆에 앉아 있는 안경 쓴 여학생이 물었다. 그녀는 헤라클레이토스 교수의 주장에 의문을 가지면서도 지난 수업에 들었던 수업 내용을 노트에 꼼꼼히 기록하고 있었다.

"맞아, 나도 그게 의문이야. 세상의 근원이 뭔지에 대해서는 아직 정해진 정설이 없잖아."

바로 앞에 앉아 있는 남학생이 고개를 돌려 대답했다.

"왜 철학자들은 해답도 없는 문제에 매달리는 걸까? 해결할 수 없는 문제에 시간을 낭비하기보다는 차라리 일상생활에 도움이 되는 일에 매달리면 좋잖아."

이런 문제들을 다루는 게 싫은지 남학생이 계속해서 투덜대며 불만을 털어놓았다.

"답이 보이지 않아도 계속 연구하고 문제를 제기하고 고민할 필요가 있어. 세상을 더 좋게 발전시키는 방법이나 세상이 변화시킬 수 있는 규칙이 바로 그 안에 담겨 있으니까."

민경이 철학과 학생다운 대답으로 남학생의 말에 대꾸했다.

"학생의 말이 맞아. 만물은 정해진 규칙에 따라 변화 발전하고 있으며, 우리는 그 규칙을 탐구해나갈 필요가 있지."

사람들이 화들짝 놀라며 목소리가 들린 방향으로 일제히 고개를 돌렸다. 언제 왔는지 헤라클레이토스 교수가 민경의 옆에서 흐뭇한 미소를 짓고 있었다.

"만물의 규칙에 대해서는 다음에 이야기하도록 하고 이번 시간에는 운동의 개념에 대해서 말해보도록 하지."

헤라클레이토스 교수가 말을 하면서 강단 위로 걸어갔다.

"나는 '사람은 같은 강물에 두 번 들어갈 수 없다'라고 생각하네. 왜 그럴까? 그건 강물이 계속 흐르기 때문이지. 그래서 사람은 한 번 들어간 강물에 다시 들어갈 수가 없는 걸세."

수업 내용을 먼저 예상한 민경이 우쭐한 표정을 지으며 살며시 웃었다. 헤라클레이토스는 그녀가 예상한 대로 수업을 진행하고 있었다.

"구체적으로 말하자면 강물은 항상 멈추지 않고 흘러가지 않나. 그러니 우리가 첫 번째 강물에 발을 담글 때 우리가 발을 담근 강물은 이미 흘러가고 있고, 같은 장소에서 두 번째 발을 담글 때는 새로운 물이 들어와 있는 상태라네. 그래서 우리는 같은 강물에 두 번 물을 담글 수 없네.

내가 여기서 강조하고 싶은 건 달라진 강물의 차이점이 아니라 강물이 흘러간다는 사실이네. 우리는 '만물은 흐른다'는 주장을 통해 객관 사물은 영원히 운동한다는 사실을 밝혀낼 수 있어. 여러분 중에 어떤 사물이 끊임없이 운동하며 변화하는 것 같은가?"

헤라클레이토스 교수가 질문하자 학생들이 연이어 대답을 했다.

재성: "태양이나 달은 매일 떠오르면서도 모습이 달라요."

영진: "오늘 피어 있는 꽃과 어제 피어 있는 꽃이 다르죠."

민수: "오늘의 저는 어제의 저와는 다르게 변해 있어요."

"아주 좋아. 변화하는 사물이야 얼마든지 있지. 하지만 내가 봤을 때 근본적으로 이런 것은 '변화'의 상상이라고 할 수 있네. 앞에서 우리는 우주는 영원히 꺼지지 않는 불이라고 말했지. 이처럼 끊임없이 불은 만물로 전환되고, 동시에 만물도 불로 전환하는 관계가 만물의 변화를 가져오는 것이네.

'모든 건 흐르며 멈춰 있는 건 없는' 우주 속에서 변치 않고 정지해 있는 물질은 있을 수 없네. 모든 것들이 끊임없이 운동하고 변화하지. 바로 이러한 운동과 변화가 우주의 발전과 사회의 진보를 촉진하는 것이네. 여러분들도 오늘의 자신을 어제의 자신과 비교해 보고 달라진 게 뭐가 있는지 생각해 보게."

헤라클레이토스 교수의 말을 주의 깊게 듣던 민경은 '오늘의 나와 어제의 내가' 정말 다른 나인지를 생각했다. '어제의 나'는 헤라클레이토스 교수의 수업을 듣지 않았고, 그의 철학 이론도 알지 못했지만, '오늘의 나'는 헤라클레이토스 교수의 수업을 들었고, 그의 철학 내용도 알고 있었다. 그러니 어제의 나와 비교하면 '오늘의 나'는 달라져 있는 셈이었다.

"사실 '만물이 모두 흐른다'고 한다면 세상에 존재하는 만물은 존재하면서도 존재하지 않는 셈이네. 왜냐하면 모든 사물은 끊임없이 흐르고 변화하면서 생겨나고 발전하고 사라지는 과정을 반복하고 있으니까. 그러니 우리 역시 매일 매 순간 다른 내가 되는 셈이지."

03

우리는 싸워서
존재하는 걸까?

"우리는 이제 '만물은 모두 흐르고 멈춰 있지 않다'는 것을 알았네. 이런 만물은 흐르는 과정에서 서로 전환되는 특징을 가지고 있네. 이 점에 대해서는 한 번 언급한 적이 있지. 만물이 서로 전환되게 하는 게 뭐라고 생각하나?"

사물이 서로 전환되도록 하는 게 뭐가 있을까? 민경의 머릿속에 화학 시간에 배웠던 각종 화학 반응들이 떠올랐다. 한 물질에 다른 물질을 첨가하면 촉매제 역할하에서 화학반응이 일어나 새로운 물질이 만들어졌다. 하지만 화학과 철학이 같을까?

절대 그럴 리 없었다. 철학에서 말하는 전환을 해석하려면 다른 방법을 찾아야 했다. 민경에게는 어려운 일이었다. 강의실에 있는 사람들도 마찬가지였다. 헤라클레이토스 교수의 질문이 떨어지기 무섭게 강의실이 쥐죽은 듯 조용해졌다.

"여기서 말하는 전환이란 어떤 사물이 그것과 대치되는 것으로 변하는 걸 말하는 것이네. 어느 사물이 다른 사물로 전환될 때, 그 사물이 기존에 가지고 있던 형식은 모두 사라져 버리지. 불이 물로 전환될 때 불이 원래 가지고 있던 형식이 사라져 버리듯이 말이야. 그러므로 이 세상에는 성질이 변하지 않는 사물은 없고, 또 영원히 변치 않는 성질을 가진 사물도 없네."

헤라클레이토스 교수는 사람들이 자신의 말을 이해하고 있는지 계속 살피면서 수업을 이어갔다.

"그리고 이러한 대립과 전환의 과정에서 세상이 존재하는 것이네. 삶과 죽음, 늙음과 젊음은 사실 같은 것이네. 삶을 뒤집으면 죽음이 되고 죽음을 뒤집으면 삶이 되니까. 이와 같은 대립하는 관계가 있기에 세상이 변화하고 존재할 수 있는 거야. 그렇다면 만물의 변화를 촉진하는 게 뭐라고 생각하나? 바로 '투쟁'이네."

투쟁이란 단어를 꺼내면서 헤라클레이토스 교수의 눈빛이 순간 번쩍였다.

"세상의 모든 건 투쟁과 필연성을 통해서 이뤄지네. 그러니 전쟁은 만물의 아버지인 동시에 만물의 왕이라 할 수 있지. 전쟁은 사람을 신으로도 만들고, 사람으로도 만들며, 동시에 노예가 되게 하기도 하고 자유인이 되게 하기도 하네.

그러므로 나는 투쟁이 세상 만물의 운동과 변화의 근원이라고 생각하네. 만약 투쟁이 이 땅에서 사라진다면 만물의 변화도 멈출 것이고 전 세계도 존재하지 못할 것이며, 우주도 사라져 버릴 거네."

헤라클레이토스 교수의 격정적인 설명에 민경이 이해할 수 없다는 표정을 지었다. 헤라클레이토스 교수의 수업을 들으면 들을수록 그녀는 머릿속에 복잡해졌다. 세상 만물이 대립한다는 건 이해가 되었지만, 만물이 서로 싸워서 운동하고 변화한다는 건 이해가 되지 않았다. 헤라클레이토스 교수가 말하는 전쟁은 비유적인 표현인 걸까? 아니면 진짜 전쟁을 말하는 걸까? 민경은 물어보고 싶은 질문이 많았지만 언제 물어봐야 좋을지 알 수가 없었다.

"여기 앉은 사람 중에는 만물이 투쟁을 통해 존재한다는 점에 의문을 품는 사람이 있을 거네. 사실 대립하는 사물 사이에서는 투쟁이 필연적으로 존재할 수밖에 없네. 사람들만 봐도 서로 성격이 다르면 사이좋게 어울릴 때보다 서로 대립할 때가 더 많지 않은가."

의문 가득한 표정으로 자신을 바라보고 있는 사람들을 향해 헤라클레이토스 교수가 웃으며 말했다.

"간단한 예를 통해 설명해 보도록 하지. 대자연은 겉보기에는 모든 게 조화롭고 생기가 가득해 보이지. 하지만 대자연 속에 있는 생명체들은 생존하기 위해 다른 생명체와 싸워서 이겨야 하네. 더구나 한 번의 싸움으로 그치는 것도 아니지. 언제 어디서든 천적들과 싸움이 도사리고 있으니까. 그러니 대자연에서 살아가는 생명체들은 투쟁을 피할 수 없어. 한마디로 대자연 속에서 살아가는 생명체들은 끊임없는 투쟁을 통해 존재하고 변화하고 있는 셈이야."

민경은 헤라클레이토스 교수의 끊임없는 설명에 머리가 아파 왔다. 헤라클레이토스 교수의 투쟁에 대한 관점을 들었을 때 민경은 세상은 너무나도 잔혹한 곳이며, 우리는 이곳에서 서로 죽기 살기로 싸워서 생존해나가야 한다고 말하는 것처럼 들렸다. 하지만 헤라클레이토스 교수의 설명은 이 세계가 잔혹하다는 것보다는 '투쟁'이라는 개념을 설명하는 데 맞춰져 있다고 느꼈다. 헤라클레이토스 교수에게 투쟁은 세상이 존재하는 기반이었다. 헤라클레이토스 교수는 쉴 틈을 주지 않고 계속 설명을 이어갔다.

"더구나 대자연 속에서 서로 대립하는 것들이 서로 함께 결합할 때 자연만이 가지고 있는 독특한 아름다움이 만들어지는 것이네. 그러니 서로 대립하는 사물이 서로 내부 투쟁을 한 다음 결합해서 아름다움을 만들어 내는 거라 말할 수 있겠지.

음악을 통해 설명해 볼까? 음악에서 높은음과 낮은음이 함께 있다면 음악을 들을 때 높고 낮음이 변화하는 게 느껴지겠지. 그리고 만약 여기에 긴 음과 짧은 음이 합쳐진다면 음악은 더욱 아름답게 변할 거네. 같은 음만 있을 때는 들을 수 없었던 아름다움이 생기는 것이지.

탄생과 죽음도 서로 대립하는 양면이네. 변화는 바로 탄생에서 죽음으로 전환되는 과정을 통해 이뤄지고, 투쟁은 이러한 전환을 추진하는 역할을 하지."

헤라클레이토스 교수가 자신이 지금까지 설명한 내용을 요약해 줬지만, 민경은 그 내용도 이해가 되지 않았다.

'언제든지 다른 사람과 죽기 살기로 싸울 준비를 하면서 세상을 살아가야 한다는 뜻인가?'

수업이 끝난 뒤에도 민경의 머릿속에는 여러 가지 질문들이 사라지지 않고 남아 있었다.

04

만물이 변화하는 규칙, 로고스

헤라클레이토스 교수의 수업이 이해가 되지 않은 민경은 쉬는 시간의 소란스러움 속에서 수업 내용을 되새겨 보았다.

'헤라클레이토스 교수가 불이 만물의 근원이며, 만물과 불은 서로 상호 전환되는 관계라고 말한 건 이해가 돼. 세상 만물이 모두 운동하고 변화한다는 관점이나 강물이 계속 흐르면서 변하기 때문에 사람이 같은 강물이 두 번 들어갈 수 없다는 주장도 이해할 수 있어. 이 밖에도 서로 대립하는 사물들은 전환되는 과정을 거치며, 투쟁은 이러한 과정을 촉진한다는 내용도 이해는 가. 다만 투쟁과 대립이 없으면 세상이 소멸할 거라는 주장이나 대립과 투쟁이 조화와 아름

다움을 만들어 낸다는 주장은 좀 지나친 면이 있긴 하지.'

지난 시간에 배운 내용을 차근차근 떠올려 보니 대부분은 이해가 되었다. 하지만 헤라클레이토스 교수가 말한 전환이 도대체 어떻게 완성되는 것인지는 이해가 되지 않았다.

헤라클레이토스 교수는 삶과 죽음, 꿈과 현실, 젊음과 늙음은 같은 것이라 생각했다. 예를 들어 삶이 변해서 죽음이 되고 죽음이 변해서 삶이 된다는 것이다. 그렇다면 삶과 죽음, 꿈과 현실, 젊음과 늙음 사이에는 변화가 발생하는데 왜 삶과 꿈, 늙음과 죽음 사이에는 변화가 발생하지 않는 걸까?

민경이 이렇게 생각에 잠겨 있을 때 강단 위에서 헤라클레이토스 교수의 목소리가 들렸다.

"지난 시간에 다룬 개념을 잠깐 언급한 뒤에 '로고스'에 대해서 설명하도록 하겠네. 아마도 이전 시간에 했던 내용 중에서 이해하기 힘든 부분이 있겠지. 하지만 로고스의 개념을 이해한다면 앞에서 이야기했던 내용도 더욱 잘 이해할 수 있을 거네.

만물은 영원히 변화하며 다른 형식으로 전환될 수 있다고 말했었지. 하지만 만물이 어떻게 변화하고, 왜 서로 다른 형식으로 전환되는 것인지는 자세히 다루지 않았네. 나는 만물의 변화는 일정한 규칙에 의해서 진행된다고 생각하고, 그 규칙을 로고스라고 부르네."

마침내 로고스에 대한 설명이 시작되자 민경은 이해가 되지 않았던 부분에 대한 해답을 찾을 수 있을 거라 기대하며 수업에 집중하기 시작했다.

"여기서 로고스는 세상 만물의 운동과 변화의 원칙일 뿐만 아니라 동시에 수의 비례이네. 구체적으로 말하자면 척도, 대소, 분수 등과 같은 것이라 할 수 있지. 그래서 로고스를 법칙으로 이해할 수도 있겠지만, 우리가 평소 생각하는 규칙과 로고스에는 약간의 차이점이 있지. 로고스는 수의 비례인 만큼 우리가 일반적으로 생각하는 규칙보다는 범위가 넓지."

민경은 헤라클레이토스 교수가 말하는 로고스가 무엇인지 알 것 같았지만 명확한 말로 설명하기는 어려웠다. 간단하게 말하자면 로고스의 개념은 왠지 수학의 연산 공식과 비슷해 보였다. 1+1이 2인 이유는 뭘까? 그건 아마도 로고스가 존재하기 때문일 것이다.

"종합해서 말하자면 만물의 변화를 대표하는 로고스는 우주의 생성과 소멸에 내재한 가장 정묘한 메커니즘이라 할 수 있네. 그것은 인류의 모든 운명을 구성하지만, 인류는 그것을 완전히 이해할 수 없지. 만약 인류가 이 정교한 메커니즘을 이해할 수 있다면 상당한 지혜를 얻을 수 있을 거네."

헤라클레이토스 교수답게 마무리도 군더더기 없이 매끄러웠다. 하지만 곰곰이 생각해 보면 마지막 설명에는 로고스의 진정한 의미가 담겨 있지 않았다. 고개를 들고 수업 내용을 곰곰이 생각하는 민경 옆을 지나 사람들이 강의실을 빠져나갔다.

헤라클레이토스 교수는 수업을 마친 뒤 천천히 강단 뒤로 걸어가더니 사라졌다. 빈 강단을 바라보며 생각에 잠겨 있던 민경은 헤라클레이토스 교수가 로고스의 개념만 설명하고, 로고스 안에 담긴 뜻과 원리를 말해 주지 않은 건 사람들이 이후 스스로 생각하길 바라서라고 이해했다.

어쨌든 이렇게 세 번째 수업이 끝나자 민경은 다음 수업에는 누가 올지 더욱 기대되었다.

CHAPTER

4

소크라테스
'자신을 아는 법'

너 자신을 알라.
나는 내가 아무것도 모른다는 걸 안다.

영혼은 불멸 / 산파술 / 아레테arete
고대 그리스의 철학자. 철학 문제에 관한 토론으로 일관한
서양 철학의 위대한 인물로 평가되고 있다.
4대 성인으로 불리기도 하며 직접 책을 쓰지 않았지만 플라톤《대화편》등
당대의 기록을 통해 선하게 사는 삶, 무지의 자각,
절대주의적 진리관 등의 철학이 전해졌다.
소피스트들의 상대적·주관적 해석을 버리고, 객관적이고
보편타당한 진리를 찾아서 이상주의적, 목적론적인 철학을
수립한 것으로 알려져 있다.

01

나쁜 사람에게는 벌을 주고 선한 사람에게는 상을 주는 '악마'

"사망은 반드시 육체가 영혼과 떨어져 분리되는 상태나 영혼이 육체에서 이탈해 분리되는 현상인 것은 아니네. 내가 독약을 마시기로 선택한 뒤 맞이한 것은 죽음이 아니라 더욱 다채로운 생명이었지."

헤라클레이토스 교수와 분위기가 비슷한 것이 고대 그리스 철학자 같았다. 입술이 두껍고 눈이 살짝 돌출된 데다가 키가 작아 보였지만 특별한 분위기를 가진 사람이었다.

강단에 올라오자마자 자신이 소크라테스라 밝혔다. 민경은 이름을 듣자마자 온 신경이 강단에 집중되었다. '고대 그리스 3대 철학자' 중 한 명이자 서양 철학의 창시자라 불리는 소크라테스가 자신의 앞에 있다는 게 믿기지 않았다. 게다가 소크라테스는 '자연철학' 연구에 집중되어 있던 당시 풍토를 인간 중심으로 바꿈으로써 철학 연구 발전에 상당한 영향을 끼친 사람이었다.

사실 그동안 수업에서 하늘, 신, 우주와 같은 내용만 다루어서 인간 중심의 철학 이론을 배워 보고 싶었다. '너 자신을 알라'라는 말을 남긴 소크라테스가 등장하자 그 어느 때보다도 흥분되고 기대되었다.

"영혼은 신성하고 영원하며, 이성적이고 통일되며, 분해될 수 없는 일치성을 유지하고 있는 반면에 육체는 평범하고 세월에 따라 노쇠하며, 통일되지 않고 이성적이지도 않으며 분해될 수 있어 일치성을 유지할 수 없네.

그래서 육체에 의지해 행동하는 사람들과 영혼에 의지하는 사람들 사이에는 차이점이 있지. 육체에 의지하는 사람들은 점차 좋은 영혼을 잃어버리고 나쁜 영혼 쪽으로 기울어지거든."

그때 우렁찬 목소리가 강의실을 채웠다. 소크라테스 교수는 난데없이 튀어나온 목소리에 놀라 눈을 동그랗게 뜨고 소리 나는 쪽으로 고개를 돌렸다.

"교수님이 말씀하시는 선한 영혼이란 무엇이고 악한 영혼이란 무엇입니까? 그리고 선한 영혼과 나쁜 영혼을 판단하는 기준은 무엇입니까?"

질문한 사람은 맨 앞줄에 앉아 있는 중년의 교수였다. 회백색 머리카락에 검은 뿔테 안경을 쓰고 있어 나이가 훨씬 들어 보였다.

질문을 들은 소크라테스 교수가 미소를 지으며 말했다.

"아주 좋은 질문이군. 나는 이성과 선을 가진 영혼이 좋은 영혼이라 생각하네. 그러니 어리석고 사악함을 가진 영혼을 나쁜 영혼이라 할 수 있겠지. 영혼은 이성과 도덕의 통일이라고 할 수 있어.

왜 세상에는 선한 일도 하는 사람도 있고 나쁜 일도 저지르는 사람도 있는 걸까? 그건 서로 다른 영혼을 가지고 있기 때문이지. 좋은 영혼을 가진 사람은 선한 일을 하고, 나쁜 영혼을 가진 사람은 나쁜 짓을 하는 거네."

소크라테스 교수의 대답에도 중년의 교수는 자리에 앉지 않고 계속해서 질문했다.

"어리석고 사악함을 가진 나쁜 영혼은 사람 스스로 만들어 내는 것입니까? 아니면 자연적으로 존재하는 것입니까? 그리고 영혼이 본래 가지고 있는 성질은 선한 것입니까? 아니면 악한 것입니까?"

중년의 교수에 민경은 속으로 자신은 선한 영혼을 가지고 있을지 악한 영혼을 가지고 있을지 생각했다. 악한 성질을 가진 영혼도 있는 걸까?

"영혼의 악한 속성은 자연적으로 존재하는 게 아니네. 악이 출현하는 것은 대부분 영혼의 결함, 도덕적 지혜와 도덕적 지식의 결함 때문일세. 사람의 영혼은 정의를 미덕으로 삼는다고 생각하네. 정의가 영혼에 뿌리를 내릴 수 있느냐 없느냐가 영혼의 선악을 결정짓는 분수령이라 할 수 있지. 사람의 영혼은 대부분 선을 향하게 되어 있지만 몇몇 도덕적 지식의 부족으로 자신도 모르게 악을 향해 가는 경우가 있지. 이런 상태가 계속되면서 영혼이 갈수록 선과 멀어지게 되는 걸세."

중년의 교수가 고개를 끄덕이며 잠시 생각하더니 다시 질문했다.

"사람의 영혼은 본래 선하지만 살아가면서 도덕적 지혜나 지식이 부족하다면 악해질 수 있다는 이야기군요. 그렇다면 영혼이 지혜와 지식을 얻는 방법은 무엇입니까? 배움이나 독서로도 얻을 수 있는 겁니까?"

중년 교수는 소크라테스 교수에게 질문할 기회를 놓치고 싶지 않은 듯 꼬리를 문 질문을 계속 던졌다. 하지만 소크라테스 교수는 불쾌해하기보다는 오히려 질문이 반가운 듯 미소를 지으며 친절하게 답변을 해 주었다.

"나는 자신 스스로를 돌아보고 반성할 때 영혼이 지혜와 지식을 얻을 수 있다고 생각하네. 영혼은 자아 성찰을 통해서 본성과 가장 가까운 순수하고, 영원하며, 변하지 않는 영역으로 들어갈 수 있거든.

스스로 돌아보고 반성하는 과정을 통해서 영혼이 일정 수준에서

도달하면 더는 잘못된 길로 들어서지 않게 되네. 나는 영혼이 이런 상태에 머물게 되는 것을 지혜라고 부르네. 그래서 영혼이 가장 순수한 지혜와 지식을 얻기 위해서는 끊임없이 스스로를 돌아보고 반성해야 할 필요가 있어."

소크라테스 교수가 중년 교수에게서 시선을 사람들에게 돌리며 말했다.

"또한 영혼은 영원불멸한 거네. 영혼은 사람의 육체가 생겨나기 전부터 존재하고 있었지. 앞에서도 이야기했듯이 육체는 세월에 따라 노쇠해지고 분해돼서 영원할 수 없지만, 영혼은 다르네. 세월의 흐름에도 변하지 않고 분해되지도 않는 영혼은 영원불멸하지. 이처럼 영혼은 눈에 보이지 않는 존재이지만 우리가 존재하지 않을 때도 계속 존재하고 있네.

그러니 우리는 영혼을 도덕적 정신의 실체로 바라봐야 하네. 비록 육체처럼 눈에 보이지는 않지만, 영혼은 지혜와 도덕으로 실체를 드러내지. 만약 악마의 모습을 한 몸을 지닌 사람이라도 영혼이 순수하고 깨끗하다면 우리는 그를 천사라고 말할 수 있네. 하지만 반대로 천사의 모습을 한 몸을 지니고 있으면서 영혼은 어리석고 사악하다면 우리는 그를 악마라고 불러야 하지."

조용히 소크라테스 교수의 설명을 듣고 있던 중년 교수가 말했다.

"그러니까 우리가 자신 스스로를 돌아보고 반성함으로써 육체적 욕망이나 욕심에서 벗어나 영혼을 정화한다면 최종적으로 지식과 지혜를 얻을 수 있다는 말씀입니까?"

중년의 교수가 마지막으로 소크라테스 교수에게 질문했다.

"그렇게 이해하면 되겠군."

소크라테스 교수가 고개를 끄덕이며 대답했다.

02

악당이
개과천선하는 방법

중년 교수의 질문은 쉬는 시간이 끝나고 다시 수업이 시작되어도 끝나지 않았다. 소크라테스 교수가 강단에 나타나자마자 일어나 말했다.

"교수님께서는 깨달으신 분이시니 저희에게 육체적 욕망에서 벗어나 영혼이 지혜를 얻는 방법을 알려주시겠습니까?"

아무래도 중년 교수는 이번 시간에도 가만히 앉아서 수업을 들을 생각이 없는 것 같았다. 소크라테스 교수도 귀찮아하기 오히려 반갑다는 표정으로 질문에 대답하기 시작했다.

"나를 깨달은 사람이라고 말하는 이유가 뭔가? 나는 평범한 철학자일 뿐 영리한 사람이거나 깨달은 사람은 아니네. 왜냐하면, 내가 깨달은 것이라고는 내가 아는 게 아무것도 없다는 것뿐이거든. 나는 아무것도 모르기에 여러분에게 영혼이 지혜와 지식을 얻는 방법이 뭔지 알려줄 수 없네."

중년 교수는 소크라테스 교수가 이런 대답을 내놓을 거라 예상하지 못한 듯 이전과 다르게 바로 질문을 하지 못했다. 그도 그럴 것이 유명한 철학자인 소크라테스의 입에서 아무것도 모른다는 대답이 나올 거라고는 아무도 예상하지 못한 일이었다.

"내가 비록 아는 건 없지만 자네는 이 문제에 대한 답을 알고 있다는 생각이 드는군."

소크라테스 교수의 말에 더욱 당황한 중년 교수는 입만 벙긋거릴 뿐 아무 말도 하지 못했다.

"사실 여기 앉아 있는 모두가 이 문제에 대한 답을 알고 있지."

소크라테스 교수의 말에 강의실에 수군거리는 소리가 들려왔다. '우리가 영혼이 지혜와 지식을 얻는 방법을 알고 있다니?' 모두 어리둥절한 표정으로 서로를 바라봤고, 강의실에는 어색한 침묵이 감돌았다.

"내가 예를 하나 들어보지. 내가 살던 시대에는 기술이 발전되지 않아서 영화란 게 없었지만 요즘 시대에 사는 여러분이 이해하기 쉽도록 영화를 예로 들어보겠네. 영화를 보면 악당이 잘못을 인정하고 착한 사람으로 돌아서는 장면이 종종 나오지. 여러분은 악당이 개과 천선하는 원인이 뭐라고 생각하나?"

은지: "악당이 잘못을 뉘우쳐서가 아닐까요?"

민주: "악당이 원래는 착한 사람이었던 거죠."

대성: "감독이 교훈을 주기 위해 개과천선하는 모습을 연출한 거라 생각해요."

소크라테스 교수가 영화를 예로 들어 예상 밖의 질문을 하자 사람들이 놀란 표정을 지으며 열띤 반응을 보였다. 다만 민경은 어떤 대답이 옳은 대답인지 알 수가 없어 주변의 반응을 가만히 지켜보기만 했다.

가만히 반응을 지켜보는 민경과 다르게 사람들은 질문에 열띤 반응을 보였다. 순식간에 대답하는 사람들의 목소리가 강의실을 가득 채웠다.

"여러분의 대답을 들어보니 내가 아무것도 모르는 게 확실한 것 같군. 나는 악당이 개과천선하는 이유가 잘못을 뉘우쳐서라고만 생각했을 뿐 다른 이유가 있을 거라고는 생각해 보지 못했네.

악당이 잘못을 뉘우치고 선한 사람이 되는 장면을 다루는 영화는 많이 있는데, 나는 이게 내 생각과 비교적 부합한다고 생각하네. 그럼 이제 여러분이 알려준 생각에 따라서 방금 풀지 못한 문제에 대한 해답을 찾아보도록 하지."

웅성거림은 소크라테스 교수가 다시 말을 이어받자 금세 잦아들었다.

"나는 영혼이 지혜를 얻는 핵심은 자신을 돌아보고 반성하는 데 있다고 생각하네. 이 점은 언급했지만, 자세히 다루지는 않았지. 그럼 이제 영혼이 어떻게 하면 지식과 지혜를 얻을 수 있는지에 대해서 이야기해 보도록 하지."

집중하고 있는 학생들을 바라보며 소크라테스 교수는 천천히 입을 열었다.

"나는 내가 왜 살아가는지에 대해 고민하는 게 자연이나 우주를 연구하는 것보다 더욱 필요하다고 생각하네. 살아가면서 각자 다른 일과 고난을 만나고 각자 다른 성과를 얻지만, 이러한 차이점이 우리에게 무엇을 남기는지는 모르고 있네. 고난을 통해 우리는 무엇을 얻을 수 있으며, 성공을 통해서는 또 무엇을 얻을 수 있을까? 이런 문제에 대해서 여러분은 고민해 본 적 있는가? 만약 고민해 본 적이 없다면 그동안의 경험을 통해 얻은 게 아무것도 없는 셈이네."

민경은 지금까지 살면서 자신이 이런 고민해 본 적 있는지 생각해 봤지만 떠오르지 않았다.

"자신의 인생을 돌아보는 것만으로도 우리는 자신을 더 잘 알 수가 있고 세상을 더 잘 살아갈 수 있으며, 동시에 우리 자신을 알 수 있네.

내가 스스로 아무것도 모른다는 결론에 이를 수 있었던 것도 끊임없이 스스로를 돌아보고 반성했기 때문이지. 이 방법을 더 많은 사람에게 전수해 주고 싶네. 그래서 나는 하나하나 알려주기보다는 상대방에게 계속 질문을 해서 최종적으로 그 사람이 스스로 답을 찾아 자신을 알 수 있도록 해 주기로 했지.

그래서 대화로 상대방이 자신의 관점을 이야기할 수 있도록 하는 동시에 상대방에게 질문해서 상대방 스스로 실마리를 찾을 수 있도록 하는 방식을 선호하네. 이런 방식을 사용하면 상대방은 스스로 자신을 알고 돌아봄으로써 문제가 무엇인지 알 수 있지."

소크라테스 교수가 천천히 강단 위를 돌아다니며 학생들의 눈과 일일이 마주치고 말했다.

"이 방법은 일상생활에도 적용해 볼 수 있네. 자신을 돌아보는 것처럼 일상생활을 돌아본다면 우리는 자신이 지나치게 물질생활을 중시한 나머지 욕망에 사로잡혀 살아가지는 않은지, 또 자신의 영혼이 욕망으로 인해 나쁜 방향으로 나아가고 있지 않은지 돌아볼 수 있네.

그래서 나는 스스로 돌아보고 반성하는 것이 우리가 자신을 아는 방법이자 영혼이 지식과 지혜를 얻을 수 있는 방법이라고 생각하네. 그리고 스스로 돌아보고 반성하지 않는 삶은 가치가 없는 삶이라고 생각하네."

소크라테스 교수를 바라보던 민경은 질문하던 중년 교수의 눈빛도, 다른 학생들의 눈빛도 무엇인가 다르게 변했다고 생각했다.

"하지만 나는 아무것도 모르는 사람일 뿐이네. 나는 그저 산파였던 내 어머니를 따라 다른 사람들이 자신의 관점을 낳을 수 있도록 도와주려는 것뿐이네."

03

무능하다는 건
미덕이 부족하다는 걸까?

"앞서 말했듯이 나는 여러분이 나의 사상을 있는 그대로 받아들이기보다는 이것을 계기로 자신만의 사상을 만들어 낼 수 있었으면 하네."

소크라테스 교수는 자신이 사람들이 자신의 관점을 낳을 수 있도록 도와주는 '산파' 역할만 할 뿐이라고 강조했지만, 강의실에 있는 사람들은 최소한 지식적인 측면에서 소크라테스 교수의 내용을 반박하기가 쉽지 않았기에 토론에서 교수를 이길 수 있다는 자신감이 들지 않았다.

"자신을 돌아보는 게 얼마나 중요한지에 대해 다루었으니 이번에는 지식과 덕행에 대해 다뤄 보도록 하지. 먼저 나의 관점을 말할 테니 다른 의견이 있는 사람은 언제든지 자신의 의견을 말해도 좋네. 나는 지식과 덕행은 밀접한 연관이 있을 뿐만 아니라 심지어 미덕이 바로 지식이라고 생각하네."

'미덕이 곧 지식'이라는 말에 강의실에 있는 사람들의 의견이 분분해지기 시작했고, 곧이어 누군가가 일어나 말했다.

"교수님께서 하신 미덕이 곧 지식이라는 말이 미덕을 통해 지식이 나왔다는 거라면 저 역시 동의하는 바입니다. 하지만 단순히 미덕이 곧 지식이라는 말이라면 너무 지나친 억측이라는 생각이 드는군요."

일어나서 말한 사람은 소크라테스 교수의 '열렬한 팬'이 된 중년 교수였다. 관점에 대한 자신의 견해를 밝히는 동시에 소크라테스 교수에게 답해야 할 질문도 안겨 주었다.

"저는 미덕과 지식은 완전히 다른 두 개의 개념이라고 생각해요. 미덕은 사람의 인품을 말하는 거고, 지식은 사람의 능력을 말하는 것이니까요. 그래서 두 개의 개념을 같게 봐서는 안 된다고 생각해요."

중년 교수가 말이 끝나자 단발머리 여학생이 일어나 말했다.

민경이 생각해도 소크라테스 교수의 관점에는 허점이 있는 것 같았다. 비록 미덕과 지식에 연관성이 없다고 말할 수는 없었지만, 최소한 두 가지 개념이 동일시하려면 이를 뒷받침할 수 있는 조건이 필요했기 때문이다. 하지만 그 두 가지 개념이 동일시될 수 있는 조건이 무엇인지 알 수 없었다.

"'미덕이 곧 지식'이라는 관점은 자신을 아는 것에서부터 출발해야 하네. 자신을 돌아보고 반성하는 게 자신을 아는 방법이라는 점과 이 방법이 얼마나 얼마나 중요한지는 이전 시간에 설명했으니 이번 시간에는 지식과 미덕에 관한 내용을 말해 주겠네.

지식이 가진 의미는 상당히 많은데, 주로 객관 사물의 속성이나 객관 세계에 대한 주관적인 관점, 그리고 사물의 개념이나 규율을 뜻하지. 하지만 나는 지식을 좀 다르게 생각하고 있네. 사물의 참된 모습을 확실히 이해한 뒤에야 사물이 가진 속성을 파악할 수 있고, 사물이 가진 속성을 파악한 뒤에야 일을 제대로 처리할 수 있는 법이야. 그러니 사물이 가진 본래 속성을 파악하는 과정도 지식을 얻는 과정이라고 할 수 있지. 그래서 나는 지식은 개인의 주관적인 감정이나 의견이 아니라 이성적이고 필연적인 진리여야 한다고 생각하네."

소크라테스 교수가 턱수염을 쓰다듬으며 진지하게 말했다.

"즉 지식은 물리, 화학, 수학, 음악에 대한 정보가 아니라 윤리, 도덕 영역의 철학이나 미덕에 대한 이해라고 생각하네.

더구나 사람들은 미덕을 뛰어난 인품이나 이념이라고 생각하는 것과 달리 나는 모든 사람이 고르게 가지고 있는 본성이라고 보고 있네. 다만 가지고 있는 미덕을 활용하는 사람과 그렇지 못한 사람이 있는 거지.

그렇기에 우리는 특정한 방식을 이용해 진정한 미덕과 선을 찾을 필요가 있네. 이게 바로 내가 자신을 알아야 한다고 주장하는 거네. 자신을 안다는 것은 곧 자신의 미덕을 안다는 말이니까."

소크라테스 교수는 마치 미덕이 우리의 마음속에 있다는 듯이 가슴에 손을 올리며 말했다.

"자신을 진정으로 아는 사람이라면 자신의 본성을 실현할 수 있고, 미덕을 가진 사람이 될 수 있네. 앞에서 말했듯이 지식은 사람이 본래 자신의 모습을 이성적으로 파악하는 것이네. 그리고 도덕 영역에서 미덕은 뛰어난 인품이자 일상생활에서 사람 본래의 모습이라 할 수 있지. 그러니 우리가 자기고 있는 지식은 일종의 진리이자 미덕이며, 사람의 본질이라고 할 수 있네.

그런 의미에서 지식과 미덕은 통일된다고 볼 수 있지. 미덕은 우리의 내면에 숨겨져 있으므로 자신을 알아야만 미덕의 힘이 드러낼 수 있네. 그러니 자신을 아는 과정에서 우리는 지식을 얻는 동시에 진정한 미덕을 얻을 수 있는 거지."

소크라테스 교수의 생각을 듣다 보니 민경은 지식과 미덕 사이를 이어주는 '다리'가 정말로 있는 것 같았다. 하지만 한편으로는 '지식도 없고 무능한 사람은 덕이 없다는 건가?'라는 생각도 들었다. 이런

의문에 한동안 이리저리 생각하던 민경은 소크라테스 교수의 말이
이런 뜻은 아닐 거라 고개를 저었다.

04

불량배가
영웅이 될 수 있을까?

"영혼에 관한 내용과 자신을 돌아보는 게 얼마나 중요한 일인지에 대해서 말했었네. 이번에는 자신을 아는 것에 관한 내용을 다루고자 하네.

자신을 알기 위해서 자신의 영혼을 파악하고 스스로 돌아보는 게 중요하다는 건 이미 이전 시간에 다루었네. 여러분은 이것 말고 자신을 아는 데 중요한 게 있다고 생각하나?"

"자신의 단점을 찾는 것도 비교적 중요한 부분이라고 생각합니다. 자신의 단점을 알아내서 보완해나가는 건 자신을 알아가는 방법이자 자신을 완성해나가는 과정이지요."

이번에도 중년 교수가 제일 먼저 일어나서 대답했다. 젊은 학생들보다 재빠르고 목소리는 우렁찼다.

"자신의 단점을 찾는 것도 중요한 부분이지. 하지만 그건 스스로 돌아보고 반성하는 게 얼마나 중요한지 다룰 때 이미 언급했던 내용이네. 생각해 보면 스스로 돌아보는 과정에서 우리는 과거 성공했던 경험을 통해 자신의 장점을 발견할 수도 있고, 실패하고 좌절했던 경험을 통해 단점을 찾을 수도 있지."

잠시 서서 소크라테스 교수의 말을 듣던 중년 교수가 풀이 죽은 모습으로 천천히 자리에 앉았다.

"자신의 장점과 특기를 아는 건 아주 중요한 부분입니다. 하지만 이건 원래부터 가지고 있는 능력이므로 굳이 스스로를 돌아보고 반성하지 않아도 알 수 있겠지요."

한 여학생이 기다렸다는 듯이 일어나 자기 생각을 이야기했다.

"스스로 돌아보고 반성하지 않아도 자신의 장점과 특기를 알 수 있다는 걸 강조한 대답이군. 하지만 사람이 태어날 때부터 선천적으로 장점과 특기를 가지고 있다면 영혼을 아는 과정을 통해서 자신의 육체와 내면에 존재하는 장점과 특기도 발견할 수 있지 않겠는가?

나는 사람의 본성과 사물의 특성, 품격, 장점, 기능들을 통틀어 '미덕'이라고 보네. 그리고 이런 미덕은 영혼에서 나오지."

소크라테스 교수가 다시 말을 반박하자 강의실은 일순간 조용해졌다. 모두들 질문에 대한 답을 찾는 것 같았지만 아무도 일어나서 대답하려 하지는 않았다.

"사실 대답하기 어려운 질문은 아니네. 다만 여러분의 생각이 고정되어 있어 답을 찾지 못하는 것뿐이지."

소크라테스 교수가 모두의 생각을 알고 있다는 듯이 웃으며 말했다.

"여러분이 이해하기 쉽도록 영화로 예를 들어 설명해 주도록 하지. 영화에서 별 볼일 없이 불량배로 살던 주인공이 몇 가지 일을 겪으면서 실력을 길러 정의를 실현하게 되는 경우를 자주 볼 수 있지. 아니면 평범하던 주인공이 우연한 기회에 자신의 잠재 능력을 발견하면서 엄청난 실력을 갖춘 영웅으로 변하는 경우도 많이 볼 수 있어.

이런 것을 통해 자신을 아는 데 중요한 게 무엇인지 알 수 있네. 자신을 안다는 것은 자신 본연의 정신을 찾는 것이자 마음속 깊은 곳에 있는 진정한 자신을 찾는 것이네. 그리고 더 나아가 자신이 가장 필요로 하는 게 무엇인지를 아는 것이지. 이것이 되어야만 우리는 비로소 생각의 틀을 확장해 더욱 넓은 세계를 바라볼 수 있네."

학생들을 바라보는 소크라테스 교수의 시선 한층 더 날카로워졌다.

"하지만 이것만으로는 진정으로 자신을 안다고 할 수 없지. 진정으로 자신을 알기 위해서는 아는 것을 실천하는 자세가 필요하거든. 덕행은 지식이자 미덕이네. 진정으로 아는 것을 실천하는 사람이야 말로 진정한 덕행을 가진 사람이라 할 수 있지.

만약 여기 앉아 있는 여러분이 선한 일이라는 걸 알면서도 그걸 행동하지 않는다면, 여러분은 진정으로 안다고 할 수 없네. 진정으로 선을 아는 사람은 반드시 그 선을 실천하는 법이니까. 그러니 선행을 하는지 악행을 하는지를 통해서 그 사람이 어떤 사람인지를 알수 있는 거네."

소크라테스 교수는 양손을 펼쳐 학생들을 가리키며 목소리를 조금 높여 말했다.

"우리는 자신의 영혼을 알고 스스로 돌아봄으로써 끊임없이 자신을 알고 지식을 얻을 수 있네. 하지만 이보다 더욱 중요한 것은 자신을 알아가면서 깨달은 바를 실천하는 것이네. 자신을 안다는 것은 자신의 지혜와 도덕을 통일시키는 것이라는 걸 잊지 말게나."

소크라테스 교수의 당부에 수업을 듣던 사람들은 자신도 모르게 고개를 끄덕였다.

"예를 들어서 영화에서 영웅들은 자신을 제대로 알지 못해 자신의 내면에 잠재 능력이 있다는 것도 알지 못한 채 별 볼일 없이 불량배로 사는 삶에 만족하며 살아가지. 하지만 이후 점차 자신의 내면의 영혼을 알게 되고, 스스로 돌아보고 반성하면서 자신이 가진 엄청난 능력을 발견하게 된다면 불량배에서 영웅으로 거듭날 수 있는 거야.

이것은 자신을 알기 위한 중요한 부분일 뿐만 아니라 스스로 자신을 알아야 하는 이유이자 목적이네. 나는 사람이 저지르는 악행은 모두 선을 잘 알지 못해서 일어나는 것이라 생각하네. 선이 뭔지 알지 못해서 지식이 부족해지고, 지식이 부족해서 자신을 제대로 알지 못하게 되는 것이지. 자신을 아는 목적은 자신의 지혜와 덕행을 통일하기 위함이며, 선행을 하고 악행을 안 하기 위함이네."

모두 소크라테스 교수의 수업을 너무 집중해서 들은 탓인지 수업이 끝난 뒤에도 한동안 침묵이 이어졌다. 어느 정도 시간이 흘렀을까. 약간은 무거운 긴장감이 감돌던 강의실에서 박수 소리가 들리기 시작했다. 작게 시작된 박수는 점차 거치더니 강의실 안을 가득 울릴 만큼 우렁차졌다.

플라톤
'정신적 사랑'

사다리를 오르듯이 끊임없이 한 단계씩 올라가야 한다네.
한 명의 아름다운 육체에서 두 명의 아름다운 육체로,
두 명의 아름다운 육체에서 모든 아름다운 육체로,
다시 자신을 드높이는 노력으로……

겉모습은 속임수다 / 이데아론 / 철인哲人정치
고대 그리스의 철학자. 소크라테스의 제자로 최초의 고등 교육 기관인
'아카데메이아'를 세웠으며 아리스토텔레스의 스승이기도 하다.
정치학, 윤리학, 형이상학, 인식론 등 많은 철학적 논점에 관해 저술하였으며
스승 소크라테스와의 철학적 문답을 기록한 《대화편》이 유명하다.
그 외 《향연》, 《파이돈》, 《국가》, 《파이드로스》 등을 저술했으며
철인정치를 주장하였다.

01

연애와 결혼이
다른 이유

지난주에 소크라테스 교수의 수업을 들은 뒤로 민경과 친구들은 전쟁을 치른 듯한 기분이었다. 그래서 새로운 한 주가 돌아왔음에도 여전히 정신을 차리기 힘들었다. 확실히 학생의 관점으로 교수의 관점을 이해하는 건 쉬운 일이 아니었다. 게다가 교수들의 관점 중에는 지금 사회와 맞지 않는 부분도 있었다.

하지만 이게 철학이 가진 또 다른 매력이었다. 만약 누군가가 영원한 진리나 법칙을 찾아내려 한다면 그 사람은 끝없는 좌절과 실패만 겪을 게 분명했다. 그리고 이처럼 철학에는 절대 진리가 없기에 철학자들은 끊임없이 자연, 인생, 우주를 연구하고 토론하는 것이었다.

민경이 다른 친구들과 함께 천천히 가로수 길을 걸어 강의실 앞에 도착했을 때 통통한 체구의 여학생이 갑자기 튀어나오더니 민경의 가슴팍에 부딪혔다. 당황한 민경이 불쾌한 표정을 지으며 천천히 그녀를 밀어냈다. 알고 보니 갑자기 튀어나온 여학생은 민경의 친구 현진이었다.

"조심히 좀 다녀!"

민경이 밀어내자 현진이가 미안한 표정으로 말했다.

"네가 부딪쳤잖아!"

그러자 민경이 어이없다는 표정을 지으며 말했다.

"장난도 못 받아 주냐! 중요한 소식을 말해 주려고 했는데, 기분 상해서 안 말해 줄 거야."

현진이가 몸을 돌려 떠나자 민경과 친구들이 따라오며 말했다.

"무슨 일인데? 미안해, 빨리 말해 줘!"

민경이 현진이의 뒤통수를 바라보며 계속 말하자 현진이 못 이기는 척 고개를 돌려 말했다.

"오늘 수업의 주제는 사랑이야."

'뭐라고? 사랑이 주제라고? 철학가 중에서 사랑을 연구한 사람도 있었나?'

민경이 머리를 재빨리 굴리며 생각했다. 동서양을 통틀어서 사랑을 연구한 철학자가 있다는 말은 들어본 적이 없었다. 민경의 머릿속에서 유명 철학자들이 재빨리 스쳐 지나갔다.

사랑을 이야기한 철학자가 누구인지 생각하느라 머리가 아파진 민경은 차라리 모르는 게 나을 뻔했다고 생각하며 강의실로 들어갔다. 그때 강단 위에 서 있는 교수를 본 그녀는 눈을 휘둥그렇게 뜨며 생각했다.

'어! 설마……'

"오늘 내가 여러분에게 말하고 싶은 주제는 사랑이네. 우선 나와 스승님 사이에 있었던 일을 이야기하면서 본격적인 수업을 시작해 보도록 하지."

"저기 강단에 서 있는 교수는 플라톤이 틀림없어."

민경이 자신감 넘치는 목소리로 말하자 현진은 모르겠다는 표정으로 고개를 저었다. 그래도 민경은 아랑곳하지 않고 자신의 짐작이 옳다고 확신했다. 강단 위에 있는 사람은 소크라테스의 제자이자 '고대 그리스 3대 철학자' 중 한 명으로 불리는 플라톤이 틀림없다. 플라톤은 철학뿐만 아니라 서양 문화 전반에서도 위대한 인물로 손꼽히는 사람이었다.

"어느 날 내가 '사랑이 뭔가요?'라고 묻자 스승님은 아무 말 없이 나를 밀밭에 데리고 갔다네. 그리고는 밀밭을 가로질러 가면서 가장 크고 좋은 밀이삭을 찾아오되 한 번 지나간 길은 다시 돌아갈 수 없다고 말씀하셨지. 나는 스승님이 왜 이런 일을 시키는 건지 이해가 되지 않았시만, 그래도 뚝뚝히 밀밭 안으로 들어갔네."

플라톤 교수는 추억을 떠올리는 눈빛이었다가 미소를 지으며 다시 말했다.

"밀밭 안에 들어가니 밀이삭들이 아주 잘 자라 있더군. 그래서 나는 가장 크고 좋은 밀이삭을 금방 찾을 수 있겠다고 생각했지. 그리고 얼마 되지 않아 알맞은 밀이삭을 발견하기도 했어. 하지만 나는 그 밀이삭을 꺾지 않았네. 왜냐하면 앞으로 가면 더 좋은 걸 발견할 수 있을 것 같았거든. 그래서 그 이삭을 포기하고 계속 앞으로 걸어갔지. 그렇게 밀밭 끝까지 걸어가서야 나는 처음에 발견했던 밀이삭이 가장 크고 좋았다는 걸 알았지만, 이미 늦은 뒤였다네."

사람들이 안타깝다는 표정을 짓자 플라톤 교수가 은은한 미소를 지으며 말했다.

"결국 빈손으로 밀밭에서 나올 수밖에 없었지. 스승님은 시무룩한 내 모습을 보시더니 '그것이 바로 사랑이란다'라고 말씀하셨지. 하지만 당시 나는 그 말이 이해가 되지 않아서 스승님께 다시 '그럼 결혼은 뭔가요?'라고 물었어. 그러자 스승님은 이번 나를 숲에 데리고 가시더니 목재로 쓰기 좋은 나무를 찾아오되 딱 한 번만 선택할 수 있다고 말씀하셨지.

밀밭에서 실패를 경험했기에 숲에 들어간 나는 재빨리 적당히 좋아 보이는 나무를 골랐네. 그렇게 나무에 표시하고 숲을 나오던 내

눈에 더 크고 좋은 나무가 보이더군. 주변을 둘러본 나는 그제야 내가 고른 나무는 평범하기 그지없다는 걸 알게 되었지."

플라톤 교수가 씁쓸한 표정을 지으며 계속 수업을 이어갔다.

"숲을 나오는 내 표정을 보고 스승님은 단번에 내가 가장 좋은 나무를 고르지 못했다는 걸 아셨지. 사실 나는 지난번 밀밭에서처럼 실패하지 않기 위해서 확신도 없이 적당한 나무를 고른 것이었어. 스승님이 이것이 결혼이라고 말씀하셨지.

두 번의 경험으로 나는 사랑과 결혼이 무엇인지 알게 되었어. 그래서 나는 사랑과 결혼이 밀접하게 연관되어 있다고 생각하지는 않네. 오히려 완전히 다른 거라 생각하지. 사람이 반드시 사랑을 위해 결혼하는 건 아니니까. 나처럼 두 손이 비는 게 싫어서 적당한 시기에 적당한 선택을 한 것일 수도 있는 거지."

플라톤 교수의 말에 사람들의 표정이 각양각색으로 변했다. 멋쩍은 웃음을 짓는 사람도 있었고, 진지한 표정으로 생각에 잠기거나 묵묵히 고개를 끄덕이는 사람도 있었다.

민경도 겉으로는 아무런 감정을 드러내지 않았지만, 플라톤 교수의 말에 흥미를 느꼈다. 그녀가 몸을 앞으로 살짝 숙이며 플라톤 교수의 다음 말을 기다렸다.

"모두 생각이 많은 것 같군. 이제 사랑과 혼인의 관계와 사랑에 대한 나의 관점도 소개할 테니 모두 같이 생각해 봤으면 좋겠군."

02

결혼은 왜
사랑의 무덤인 걸까?

"먼저 사랑과 결혼에 대한 내 생각을 설명해 보도록 하지. 여러분 중 의견이 있는 사람은 수업하는 도중에 발표해도 좋네."

사람들이 고개를 끄덕이자 플라톤 교수가 만족스러운 미소를 지으며 계속 말했다.

"여러분은 왜 결혼을 한다고 생각하나? 이 문제는 아직 결혼하지 않은 사람뿐만 아니라 이미 결혼을 한 사람도 고민해 봐야 할 문제인 만큼, 여러분의 생각을 들어보고 싶군."

조용하던 강의실 안이 플라톤 교수의 말이 끝나자 시장 바닥처럼 시끌벅적해졌다.

"당연히 사랑하니까 결혼을 하죠!"

저마다 자기 생각을 이야기하는 사람들로 시끌벅적하던 강의실이 잠깐 조용해지자 어떤 남학생이 재빨리 일어나 소리치고는 앉았다.

"알맞은 시기에 알맞은 사람을 만나 알맞은 선택을 하게 되는 거예요."

모두가 어리둥절하고 있는데 어디선가 목소리가 들려왔다. 플라톤 교수가 고개를 돌려보니 강의실 중앙 쪽에서 한 여학생이 서 있는 게 보였다. 플라톤 교수가 고개를 끄덕이자 여학생이 천천히 자리에 앉았고, 강의실은 다시 시끌벅적해졌다.

"결혼은 서로 사랑한다고 될 수 있는 게 아니야. 부모의 강요를 못 이겨서 하는 결혼도 얼마나 많은데."

한 여학생이 자기 생각을 말하자 어디선가 남학생이 소리쳤다.

"그리고, 알맞은 시기에 잘못된 사람을 선택할 수도 있어."

제각기 자신의 의견을 소리치던 사람들은 어느새 두 가지 의견으로 갈리기 시작했다. 하나는 '결혼은 사랑을 완성하기 위해 하는 것'이란 의견이었고, 다른 하나는 '결혼은 순리에 따라 하는 것'이란 의견이었다. 민경은 일어나서 자신의 의견을 밝히지는 않았지만 속으로 '결혼은 사랑을 완성하기 위해 하는 것'이라고 생각했다.

"좋아. 여러분의 의견이 어느 정도 정리된 것 같으니 이 문제에 대한 내 생각도 이야기해 보도록 하지. 나는 일단 여러분의 의견 중 어느 쪽이 옳다고 단정 지어 말하지 않을 생각이네. 그냥 나의 지식과 경험에 근거해 이 문제에 관해 이야기해 보도록 하지."

"이전 시간에서 이야기했던 대로 사랑과 결혼은 밀접한 관련이 있지만 같은 건 아니야. 내가 이삭과 목재를 골랐을 때처럼 사랑은 고심해서 선택해야 하는 경우가 많지만, 결혼은 어쩔 수 없이 선택해야 하는 상황이 많지. 사랑할 때 우리는 더 좋은 선택하고 싶어 실수를 저지르게 되고, 이러한 경험 때문에 결혼할 때는 알맞은 사람을 선택하게 되는 거라네."

플라톤 교수가 사람들을 바라보며 살짝 고개를 끄덕이고는 목소리를 살짝 높여서 말했다.

"모두 '결혼은 사랑의 무덤'이라는 말을 들어 봤겠지. 왜 결혼을 사랑의 무덤이라 말하는 걸까? 그건 사랑은 항상 선택할 수 있지만, 결혼을 그렇지 않기 때문이야. 이 점에 대해서는 스승님과 있었던 일을 통해서 설명해 주도록 하지."

"어느 날 스승님이 나를 들판으로 데리고 가더니 아름다운 꽃 한 송이를 꺾어서 오라고 하셨지. 그래서 나는 들판을 한참 동안 돌아다닌 끝에 가장 화려하고 아름다운 꽃을 꺾었다네. 하지만 스승님에게 돌아오는 길에 화려했던 꽃이 모두 시들고 말더군. 이게 바로 결혼 생활인 거네.

앞에서 말했듯이 우리는 대부분 자신에게 가장 좋은 사람이 아니라 알맞은 사람을 찾아 결혼하게 되지. 그리고 설사 가장 좋은 사람을 찾는다고 할지라도 오랜 결혼 생활을 하다 보면 화려하고 아름다웠던 꽃이 시들 듯이 언젠가는 매력을 잃고 말아.

그러다 보면 주변에 피어 있는 새롭고 아름다운 꽃들을 바라보면서 결혼이 실망스럽게 느껴질 수도 있게 되겠지. 그래서 결혼을 사랑의 무덤이라 말하는 거네.

하지만 모든 결혼이 사랑의 무덤인 것은 아니야. 이전에 내가 스승님에게 행복이 무엇이냐고 물으니 스승님께서는 이전처럼 들판에서 가장 아름다운 꽃을 꺾어 오라고 말씀하셨지. 그러면서 이번에는 한 번 지난 길은 돌아가지 말라고 하시더군. 나는 스승님의 말씀대로 들판을 지나며 꽃을 찾았어.

그렇게 걷던 중 아주 아름다운 꽃을 발견하고는 꺾었지. 하지만 계속 가는 과정에서 더욱 아름다운 꽃들이 보이더군. 하지만 나는 선택을 바꾸지도 않았고, 후회하지도 않았네. 왜인 줄 아는가? 내 눈에는 내 손에서 시든 꽃이 가장 아름다워 보였거든."

플라톤 교수가 활짝 웃으며 밝은 목소리로 말했다.

"돌아와서 내가 들판에서 있었던 일을 이야기하자 스승님께서는 웃으시며 그것이 바로 행복이라고 말씀하셨지. 결혼이 사랑의 무덤이 되지 않는 방법은 바로 여기에 있다네."

03

일부일처제를 지키는
이유는 무엇일까?

"본래 사람 모습이 지금과 달랐다는 걸 아는가? 본래의 사람은 둥근 몸을 가지고 있었다네. 둥근 허리와 배에 팔과 다리는 네 개씩 있고, 목 위에는 뒤통수를 붙이고 똑같은 얼굴이 두 개가 있었지. 머리가 두 개니 당연히 귀는 네 개였고, 생식기는 두 개였네. 한마디로 말해서 두 사람이 하나로 붙어 있는 모습이었지. 여자와 남자가 함께 붙어 있는 양성인도 있었고, 남자와 남자, 여자와 여자가 함께 붙어 있는 경우도 있었네."

플라톤 교수의 말에 강의실 곳곳에서 웅성대는 소리가 들렸다. 사람들은 저마다 머릿속에 그려보기 시작했다.

"이전 사람들이 이렇게 생겼던 이유는 뭘까? 그건 남자는 태양에서 여성은 대지에서, 그리고 남성과 여성을 다 가진 양성인은 달에서 태어났기 때문이네. 그들은 신을 공격할 수 있을 정도로 강해서 제우스를 비롯한 신들은 골머리를 앓아야 했지. 위협이 되는 인류를 계속 놔둘 수도 없었지만 그렇다고 멸종시킬 수도 없었어. 왜냐하면 인류가 없으면 제물을 받을 수도 없었으니까."

사람들은 플라톤 교수가 도대체 뭘 말하려 하는 건지 알 수 없었지만, 이야기가 재미있어서 자신도 모르게 빠져들어 갔다.

"인류를 멸종시킬 수 없었던 제우스는 몸을 반으로 갈라서 힘을 약하게 만들었네. 반으로 갈린 사람은 기존보다 힘은 절반으로 약해지고 숫자는 두 배로 많아지게 되었지. 덕분에 인류가 신들에게 바치는 제물도 두 배로 증가하게 되었어."

"그렇게 반으로 잘린 인류는 이제 두 발로만 걷을 수 있었지. 동시에 제우스는 아폴론에게 사람의 얼굴과 목을 잘린 쪽으로 돌려놓아 갈라진 모습을 볼 수 있게 하라고 명령했어. 인류가 다시는 반항하지 못하도록 하기 위함이었지. 이에 아폴론은 제우스의 명령대로 사람의 얼굴과 목을 돌린 뒤 잘린 부분을 치료해 줬다네. 아폴론은 피부를 당겨서 갈라진 사람의 몸을 꿰맨 뒤 상처를 봉합한 주름을 남겼는데 바로 이것이 지금의 배꼽이지."

흥미진진하게 플라톤 교수의 이야기를 듣고 있던 사람들이 놀란 표정을 지었다. 제우스의 벼락을 맞아 몸이 반으로 갈린 이전 사람들의 모습을 상상하니 온몸에 소름이 끼쳤다.

"하지만 사람들의 마음속에는 여전히 자신의 반쪽을 사랑하는 마음이 있었어. 이에 사람들은 자신의 반쪽을 그리워하며 찾으려 했다네.

남성과 여성을 모두 가지고 있던 양성인은 잘려나간 이성을 그리워했지만, 여자에게서 잘려나간 여자는 남자보다는 여자를, 남자에게서 잘려나간 남자는 여자보다는 남자를 그리워했지. 양성인은 남성과 여성을 모두 가진 사람이었기에 잘려나간 반쪽인 이성을 사랑하는 반면, 동성인 여자나 남자에서 잘려나간 반쪽은 동성인 여자나 남자를 사랑하게 된 것이라네."

민경을 비롯한 사람들이 모두 놀란 표정을 지었다. 플라톤 교수가 그런 사람들을 찬찬히 바라보며 말했다.

"지금까지 한 이야기는 내가 쓴 《향연》이란 책이 들어 있는 내용일세. 나는 이게 바로 사람이 사랑에 빠지는 원인이라고 생각하네. 반으로 갈려 완전하지 않은 우리는 잃어버린 반쪽을 찾아 완전해지기 위해서 사랑을 하는 것이지.

이 이야기로 지금의 결혼 문화도 설명할 수 있다네. 앞에 앉아 있는 여러분은 일부일처제에 대해서 생각해 본 적 있는가?"

민경이 의아하다는 표정을 지으며 생각했다.

'일부일처제에 대해 생각해 본 적 있냐고? 결혼은 모두 일부일처제로 이루어지는 것 아닌가?'

곰곰이 생각하던 민경은 자신이 한 번도 일부일처제의 합리성에 대해서 생각해 본 적이 없다는 걸 깨달았다.

이건 다른 사람들도 마찬가지였다. 너무나도 당연하게 생각되는 일이라서 아무도 일부일처제에 대해서 진지하게 생각해 본 적이 없었다.

"일부일처제를 이야기하자고 하면 아마도 여러분은 남녀평등 문제를 제일 먼저 떠올리겠지. 하지만 나는 앞에서 했던 이야기를 가지고 일부일처제의 합리성에 대해서 말해보고 싶네."

민경은 플라톤 교수가 앞에서 했던 이야기를 머릿속으로 떠올려봤다. 하지만 '제우스가 사람을 반으로 갈랐다'는 내용에서 너무 놀란 나머지 뒤에 내용이 잘 기억나지 않았다.

"조금 전에 내가 과거 완전한 모습을 하고 있던 인류는 제우스에 의해서 반으로 갈려 불안전해졌고, 그래서 사랑을 통해 완전해질 필요가 있다고 말했지."

사람들이 기억하지 못하는 걸 알고 있는 듯 플라톤 교수가 다시 설명해 줬다.

"그럼, 만약 자신에게 알맞은 반쪽을 만난다면 어떤 상황이 펼쳐

질까? 시로에게 이끌린 두 사람은 사랑에 빠져 헤어지려 하지 않을 거네. 이렇게 사랑에 빠지면 서로 말고는 다른 건 필요하지 않게 되지.

사람은 자신의 반쪽을 찾기만 하면 완전해질 수 있어. 많을 필요도 없지. 한 사람에게는 하나의 반쪽만이 있으니까. 이게 바로 결혼에서 일부일처제가 가장 합리적인 이유라네."

플라톤 교수의 말이 끝나자 민경은 다시 한번 매우 놀랐다. 비록 플라톤 교수의 주장이 모두 옳다고 생각되지는 않았지만, 세상을 바라보는 새로운 눈을 얻은 깃 같은 기분이었다. 더구나 그녀는 플라톤 교수의 이야기가 동성 사이의 사랑에 대해 다른 관점을 제시하고 있다는 생각도 들었다.

04

차도 집도 없이
사랑할 수 있을까?

"마음이 육체에서 벗어나 진리에 향할 때가 가장 좋은 것이네. 만일 영혼이 육체의 죄악에 전염된다면 진리를 추구하는 것만으로는 만족하지 못하게 돼. 사람은 성욕에 대한 강렬한 욕구가 없을 때 마음이 평화로울 수 있네. 성욕은 인간의 야생성을 표현하는 것으로 모든 생명체가 가지고 있는 본능이지만 고등동물인 인간은 야생성을 압도하는 이성을 지니고 있어. 그래서 아름답고 도덕적인 정신적 교류를 할 수 있는 것이지.

사랑하는 데 필요한 게 뭐가 있을까? 이 문제는 이번 수업 때 모두가 함께 토론해 봐야 할 문제야. 아마도 여러분은 사랑에 필요한 게 상당히 많다고 생각하고 있겠지. 한번 각자 자기 생각을 이야기해 보게나."

사랑하는 데 필요한 게 뭐가 있을까? 대답하기 어려운 문제는 아니었지만 정확한 대답을 하기도 쉽지 않은 문제였다. 민경은 플라톤 교수가 살았던 시대보다 현대인들의 사랑에는 필요한 게 더 많다고 생각했다. 경제 상황에 따라서 사랑의 모습도 다르게 변할 수 있었기 때문이다. 그녀는 경제학을 전공하지는 않았지만, 사랑하는 데도 경제적 능력이 필요하다는 건 알고 있었다.

아무도 말을 하지 않자 플라톤 교수가 먼저 입을 열었다.

"이 문제에 대해 나는 아주 분명한 관점을 가지고 있지. 바로 사랑은 육체에서 벗어나 진리를 추구해야 한다는 거야. 사람은 성욕에 대한 강렬한 욕망이 없을 때 마음의 평화를 유지할 수 있고, 마음에 평화가 유지된 후에야 아름다운 사랑을 할 수 있네. 이른바 육체의 굴레에서 벗어난 정신적인 사랑인 셈이지."

플라톤 교수의 정신적 사랑에 대한 관점은 사람들이 이해하기 어려운 내용은 아니었다. 다만 강의실 분위기가 차갑게 가라앉는 걸 보니 모두 플라톤 교수의 관점에 동의하지는 않는 것 같았다.

"사랑은 육체적인 욕구만을 뜻하지는 않습니다. 대부분의 사랑이 평범하고 소박한 삶 속에서 꽃피니까요. 더구나 삶의 질은 플라톤 교수님이 말한 '정신적 교류'가 아니라 경제적 조건에 의해서 결정됩니다."

첫 번째로 플라톤 교수의 의견을 반박한 사람은 뜻밖에도 나이 지 긋한 교수였다. 교수가 직접 플라톤의 의견에 반박하자 교실 분위기 는 더욱 무겁게 가라앉았다. 민경이 걱정스러운 눈빛으로 플라톤 교 수를 바라볼 때 어디선가 또 다른 목소리가 들렸다.

"진정한 사랑은 집이나 차 같은 경제적 기반으로 이루어지는 게 아니라는 건 저희도 알고 있습니다. 하지만 현실상 경제적 조건도 생각해야 하잖아요. 예를 들어 사랑이 화초라고 한다면 집은 화분이 라고 할 수 있지요. 화분이 없으면 화초가 어디서 성장하겠습니까? 길거리에서 자라게 해야 할까요? 아니면 허허벌판에서 자라게 해야 할까요?"

민경은 학생의 말이 교수의 말보다는 논리도 부족하고, 억지스럽 게 들린다고 생각했다. 사랑이라는 화초가 자라기 위해 집이란 화분 이 필요하다면 돈은 화초를 성장시킬 물이고, 신용카드는 물뿌리개 라는 걸까?

"저는 사랑에 필요한 것은 경제적 기반이 아니라 서로를 신뢰하고 지지하는 마음이라고 생각해요. 경제적 기반을 갖추고 있지 않다고 해서 사랑하지 못하는 건 아니니까요. 또 지금은 경제적 기반이 없 더라도 나중에 마련할 수 있잖아요."

플라톤 교수의 입장을 지지하는 학생이 일어나 반박하자 토론 분위기가 훨씬 달아올랐다. 이처럼 공방이 오고 가는 상황에서도 강단에 서 있는 플라톤 교수의 표정은 태연하기만 했다. 마치 이미 마음 속에 지금 상황에 대한 예측과 앞으로 강의를 어떻게 이어갈지에 대한 계획이 있는 것 같았다.

"시대가 변함에 따라 사랑의 형식과 내용에서도 많은 변화가 있었던 것 같군. 비록 여러분은 사랑에 대해 나처럼 깊이 연구한 것은 아니지만, 그래도 여러분의 생각을 들어보니 사랑에 대한 나의 관점을 설득시키기는 쉽지 않을 것 같네. 지금은 사랑에 대한 나의 관점을 간단히 설명하기만 하고, 여러분의 생각에 대한 평가는 내리지 않겠네. 내 관점을 듣고 여러분이 깨닫는 점이 있었으면 좋겠군.

먼저 나는 자유가 사랑의 중요한 요소라고 생각하네. 충분한 공간만 있다면 사랑은 건강하게 성장할 수 있네. 사랑은 누군가의 희생이나 소유가 될 수 없는 만큼 자유가 있어야만 유지될 수 있어. 그러니 사랑하는 사이라도 일정한 거리를 유지해 신비감을 가지고 있어야지 오랜 시간 사랑을 지킬 수 있네."

플라톤 교수는 천천히 강단 위를 걸으며 사랑에 대한 자신의 관점을 이야기하기 시작했다.

"평등도 사랑의 중요한 요소이지. 사랑하는 연인끼리 서로를 평등하게 대한다면 상대방에게 너무 의지하거나 소유하는 관계가 되지 않을 수 있네. 물론 한쪽이 많이 주고 다른 쪽이 적게 준다고 해서 불평등한 사랑이라고 말할 수는 없지. 내가 여기서 말하는 평등은 물질적인 평등이 아니라 정신적인 평등이네."

플라톤 교수는 잠깐 멈춰 학생들을 주목시켰다.

"마지막으로 사랑에 중요한 요소는 완전무결함이네. 우리는 모두 세상에서 유일무이한 존재이므로 완전무결한 존재라 할 수 있지. 모든 사람은 자신이 꿈꾸는 단 한 명의 완전무결한 사람을 가지고 있네.

사랑에서 물질적 조건과 비교하면 이러한 정신적 요소들은 더욱 중요하지. 여러분은 물질적 조건이 사랑이 성장할 수 있는지를 판단 짓는 원인이라고 말했지만 내가 봤을 때 물질적 조건보다는 정신적 조건이 더 많은 영향을 끼친다고 생각하네. 예를 들어 사랑하는 사람에게 선물하는 이유가 뭐라고 생각하나? 바로 상대방이 기뻐하는 모습을 보고 싶기 때문이야. 이런 모습은 우리가 여전히 정신적 방면에서의 교류와 기쁨을 원하고 있다는 증거라 할 수 있어."

"모든 사람이 상대방을 기쁘게 해 주려고 선물을 주는 건 아니잖아요. 다른 생각을 가지고 상대방에게 호감을 얻어서 경계심을 허물려고 선물을 주는 사람도 있죠."

어떤 여학생이 플라톤 교수의 말을 끊고 반박하자 강의실이 순식간에 조용해졌다.

"내가 이제 말하려던 부분을 잘 짚어 줬군. 영혼이 육체의 죄악에 전염된다면 진리를 추구하는 것으로는 만족하지 못하게 되지. 이렇게 사람이 강렬한 성욕에 사로잡힌다면 야생성이 드러나게 되고, 사랑도 더는 아름답고 도덕적이지 못하게 되네.

진정한 사랑은 오래도록 유지되는 감정이므로, 시간은 사랑을 판단하는 유일한 시금석이라 할 수 있어. 현실적인 조건을 넘어선 정신적인 사랑이야말로 시간의 시험을 이겨낼 수 있다네."

플라톤 교수의 이 말은 오랜 시간 민경의 귓가를 울렸다. 비록 사랑에 대한 플라톤 교수의 관점에 모두 동의할 수는 없었지만, 그녀는 언젠가 자신에게 딱 맞는 반쪽을 만날 수 있을 거라 믿었다.

CHAPTER

6

아리스토텔레스
'행복관'

행복은 인간 본성에서 가장 고결하고 가장 좋은 것을
성취하는 데서 오는 기쁨이다

형이상학 / 백과사전식 과학자 / 소요학파
고대 그리스의 철학자. 플라톤의 제자, 알렉산더 대왕의 스승이며
물리학, 형이상학, 시, 생물학, 동물학, 논리학, 수사학, 정치, 윤리학, 도덕 등
다양한 주제로 책을 저술하였다.
소크라테스와 플라톤과 함께 고대 그리스의 가장 영향력 있는 학자였으며,
그리스 철학이 현재의 서양 철학의 근본을 이루는 데에 기여하였다.
《시학》,《형이상학》,《범주론》,《논리학》 등 다양한 저서를 남겼다.

01

어떻게 하면
행복해질 수 있을까?

2주에 걸쳐서 유명한 고대 철학자가 교수로 나오자 '재미있는 철학' 수업의 인기는 더욱 높아졌다. 사람들은 책에서만 봤던 철학자에게서 직접 수업을 듣는 게 흥미롭고 재미있었다. 비록 지금의 관점에서 보면 그들의 철학 중 틀린 부분도 있었지만, 당시 그들이 살았던 시대와 비교해 보면 분명 앞서가는 이론이었다.

민경 역시 재미있는 철학 수업에 나오는 교수들의 관점에 모두 동의하지는 않았지만, 철학을 더욱 잘 알기 위해서 매주 빠짐없이 수업을 들으러 갔다. 고대 그리스의 유명 철학가들이 연속해서 교수로 나오자 민경은 오늘 수업할 사람이 누구인지 알 것 같았다. 고대 그리스 3대 철학가 중 두 명이 이미 나왔으니 나머지 한 명도 나오리라 생각한 것이다.

"지난주 수업에서 내 스승님이 여러분에게 '정신적 사랑'에 대해 이야기했다고 들었는데, 나로서는 이해가 되지 않네. '이데아 세계'나 '이념'에 대해 뛰어난 이론을 가지고 계신 분이 고작 '정신적 사랑'에 대해 이야기하셨다니, 아무래도 젊은 학생들 앞에서 강의하다 보니 유행을 신경 쓰신 것 같군.

내가 비록 스승님을 존경하기는 하지만 여러 부분에서 서로 다른 견해를 가지고 있다네. 그리고 나는 여러분이 좋아할 만한 주제가 아닌 내가 가장 잘하는 주제를 선택해서 강의를 진행할 것이네. 그러니 여러분도 이 점을 미리 염두에 두고 내 수업을 잘 쫓아와 주기 바라네."

민경의 예측은 틀리지 않았다. 강단에서 말하고 있는 사람은 고대 그리스 철학을 집대성한 사람이자 플라톤의 제자인 아리스토텔레스였다. 윤리학, 형이상학, 심리학, 경제학, 신학, 수사학, 교육학 등 다양한 분야를 다룬 백과사전식 사상가였다. 그래서 마르크스는 그를 고대 그리스 철학가 중에서 가장 박식한 인물이라 평가하기도 했다.

민경은 아리스토텔레스의 저작을 접해 본 적이 없었다. 그래서 이번 수업도 쉽지 않겠다는 생각이 들면서도 한편으로는 많은 도움이 되겠다는 기대감이 생겼다.

"모두들 이전 수업에서 내 스승님의 행복에 대한 관점을 들었겠지. 이 방면에서는 나도 스승님께 많은 부분을 배웠지만 약간은 다른 견해를 가지고 있지. 그러니 여러분도 행복에 대한 나와 스승님이 가진 관점을 비교해 보는 기회로 삼았으면 좋겠군."

아리스토텔레스 교수의 말에 민경은 이전 수업을 떠올리며 고개를 갸웃거렸다. 왜냐하면 플라톤 교수는 사랑을 주제로만 수업했지 행복에 대해서는 다루지 않았기 때문이다. 하지만 사실 플라톤 교수의 수업 중 민경의 머릿속에 남은 것이라고는 '신들이 사람의 몸을 반으로 잘랐다는 이야기' 뿐이었다.

"행복에 관해 이야기하기 전에 먼저 '선'에 대해서 알아보도록 하지. 나는 '선'을 주로 세 가지 종류로 분류를 하네. 하나는 외재적 선이고, 다른 하나는 육체적 선이고 나머지 하나는 영혼의 선이네. 이 세 가지 선 중에서 영혼의 선이 가장 높고 고귀하지. 그리고 진정한 행복은 바로 가장 높고 고귀한 영혼의 선에 있네.

외재적 선이나 육체적 선은 행복을 보완할 뿐이고 진정한 행복은 영혼의 선이라 할 수 있어. 그래서 가장 고귀한 행복은 이성적인 행동을 하는 사람이지.

그렇다면 행복과 즐거움은 어떤 연관이 있을까?"

아리스토텔레스 교수가 말을 멈추고 사람들의 대답을 기다렸다. 그가 말을 멈추자 강의실이 순간 조용해지면서 정적이 감돌았다.

"즐거움은 행복의 기초가 아닐까요? 즐거운 사람이 행복해지기도 쉽고, 즐겁지 않은 사람은 행복해지기 어려우니까요."

뒷자리에 앉은 여학생이 침묵을 깨고 대답하자 아리스토텔레스 교수가 연신 고개를 끄덕였다. 뒤이어 다른 학생의 목소리가 들렸다.

"행복은 즐거움과 함께 오지만 즐겁다고 해서 항상 행복한 건 아니잖아요. 그래서 저는 행복은 바깥으로 드러나는 즐거움에서 오는 게 아니라 내면의 즐거움에서 오는 거라 생각해요."

강의실을 감싸던 침묵이 깨지자 사람들이 너도나도 일어나서 생각을 이야기하기 시작했다.

"그렇지. 행복은 영혼의 지극한 선인 만큼 당연히 내면에서 오는 것이지. 그리고 행복은 미덕에 부합하는 행동을 통해서도 오네. 이 점은 두 가지 부분으로 나누어서 이해해 볼 수 있지.

먼저 첫 번째 부분은 행복은 미덕과 긴밀한 연관이 있다는 점이네. 한 사람의 삶이 행복할 수 있느냐 없느냐는 그 사람이 미덕에 부합하는 삶을 살았느냐에 달려 있지. 여기서 미덕은 일종의 선이므로 한마디로 '선'을 행하는 사람이 행복한 생활을 할 수 있네.

또 다른 부분은 행복은 가만히 있어서 이룰 수 있는 게 아니니 구체적인 행동을 통해 실현해야 한다는 것이네.

이 두 가지 부분을 종합해 보면 행복은 미덕에 부합하는 행동을 통해 이룰 수 있네. 미덕을 아는 측면에서 머무르는 게 아니라 적극적인 행동을 해야 실현할 수 있다는 거지. 공정한 일을 실천해 공정한 사람이 될 수 있고, 절제를 통해 절제된 사람이 될 수 있으며, 용감한 일을 해서 용감한 사람이 될 수 있듯이 행복도 미덕을 학습하고 실천함으로써 얻을 수 있네."

"내가 말하는 행복은 스스로 만족하는 최종적인 행복이네. 가진 것이 없어도 스스로 만족하는 마음을 가진다면 삶을 즐길 수 있으므로 행복해질 수 있지. 이렇듯 스스로 만족하는 것은 모든 선한 일 중에서 가장 높은 선택이라 할 수 있네.

물론 행복을 단순하게 자신의 행동에만 기대기는 부족하지. 여기에도 외부의 조건이 필요하네. 그중 가장 대표적인 것이 건강이라고 할 수 있어. 하지만 외부조건은 단순히 행복을 보충해 주는 정도이네.

예를 들어서 사람들은 외모가 못생기거나 외롭고 가난하거나 배경이 좋지 않은 사람은 행복하기 힘들다고 생각하는 데 전혀 그렇지 않네. 외부조건은 행복을 보충해 주는 것뿐 행복을 결정하지는 않아.

사람은 세상을 나스리지는 못하지만, 세상을 변화시키는 일은 할 수 있네. 그리고 평범한 사람이 권력을 가진 사람보다 존경하는 일을 더 많이 할 수도 있어. 이렇게 미덕에 부합하는 생활을 하는 삶이야말로 행복한 삶이라 할 수 있지."

아리스토텔레스 교수가 숨을 고른 뒤 손가락 세 개를 펴 보이며 말했다.

"행복한 생활은 세 가지 종류로 나눠서 볼 수 있네. 쾌락적인 삶, 정치적 삶, 관조적인 삶이지. 즐거움으로 만족을 찾는 쾌락적인 삶은 주로 동물적인 본성을 추구하는 삶이라 할 수 있고, 정치적 삶은 끊임없이 재산과 명예, 권력을 추구하는 삶으로 두 가지 모두 선에 부합한다고 할 수는 없네. 마지막으로 스스로 만족할 줄 아는 관조적인 삶은 인류가 추구해야 할 가장 좋은 삶이라 할 수 있네. 그리고 관조적 삶은 행복을 실천하는 가장 중요한 기준이자 방법이라 할 수 있지.

스스로 만족하고 여가를 즐기며 관조하는 삶을 사는 것이야말로 인류가 최대로 누릴 수 있는 행복이네. 관조적 삶은 외부 환경에 의지하지 않고 한걸음 떨어져 스스로 만족하고 여가와 사색을 즐기며 행복을 느끼는 것이네.

앞으로 여러분도 이런 행복한 삶을 살았으면 좋겠군. 이것으로 내 수업을 마치도록 하지."

7

장자
'무위'

하루만 살다 가는 버섯은
한 달의 그믐과 초하루를 모르고,
여름만 살다 가는 매미는 봄과 가을을 모른다.

무위자연無爲自然 / 만물일체萬物一體 / 소요유逍遙遊
중국 전국시대 송나라 출신의 철학자. 제자백가 중 도가의 대표적인 인물로
노자사상을 계승, 발전시켰다. 노자보다 개인의 주체적 수양과 내적 깨달음에
더 치중했으며 도는 삶을 초월하지 않으며 주변 만물에 깃들어 있다고 보았다.
《장자》는 내편, 외편, 잡편 등 33편으로 되어 있으며
내편의 〈소요유〉, 〈제물론〉. 〈대종사〉 편이 장자의 사상을
보여주는 것으로 알려졌다.

01

소요란
무엇일까?

민경은 아리스토텔레스 교수의 수업 내용을 완전히 이해하지는 못했지만, 그래도 '그리스 3대 철학가' 모두에게 수업을 들으니 자신의 철학 수준이 향상된 것 같아 우쭐해졌다. 하지만 사실 심오한 철학 사상은 민경에게는 배부르지만 소화되지 않는 '소고기' 같았다.

그래도 항상 새로운 한 주가 시작될 때마다 이번에는 어떤 교수가 올지 기대되었다. 그래서 이번에도 한껏 기대감에 부풀어 일찌감치 강의실을 찾은 민경이 좋은 자리를 골라 앉았다. 수업 시간이 다가옴에 따라 강의실은 사람들로 만석이 되었지만, 이번 주에 수업할 교수의 모습은 보이지 않았다. 교수가 나타나지 않자 사람들이 주변을 두리번거리며 웅성대기 시작했다.

"도는 정도 있고 믿을 수 있지만, 하는 게 없고 형체도 없다. 그래서 전할 수는 있으나 받을 수는 없고, 얻을 수는 있으나 볼 수는 없다. 이러한 도는 자신을 바탕으로 삼고, 근원으로 삼으며 하늘과 땅이 없을 때부터 존재했다. 귀신과 상제를 신령스럽게 만들고, 하늘과 땅을 만들었다. 태극太極보다 먼저이나 높지 않고, 육극六極보다 아래 있으나 깊지 않으며, 하늘과 땅보다 먼저 생겼으나 오래되지 않았고, 상고上古보다 오래되었지만 늙지 않았다."

웅성대는 소리가 갈수록 커지던 중 강단 뒤편에서 낯선 목소리가 들려오자 순식간에 조용해졌다.

"내 모습이 보이고, 내 목소리가 들리는가?"

강단 뒤에서 옷매무새를 정리하며 나오는 남자가 보였다.

"당연히 내 모습이 보이고 목소리를 들을 수 있겠지만 '도'는 그렇지 않네. 자네들 중 누구도 '도'를 볼 수도 들을 수도 없지."

혼잣말하듯 말하던 남자가 강단 중앙으로 걸어오더니 의자가 아닌 강단 바닥에 풀썩 주저앉았다.

"좋아, 이제 수업을 시작하도록 하지. 사실 수업을 어떻게 진행할까 고민이 많았다네. 그렇게 가만히 앉아서 고민하다가 나도 모르게 살짝 잠이 들고 말았지. 꿈속에서 나는 내가 나비로 변하는 꿈을 꾸었어. 나비가 되어서 훨훨 날아다니는 데 다른 나비가 다가와 나에게 다음과 같이 말을 해 주더군."

꿈속에서의 일을 떠올리는지 그가 두 눈을 감고 말했다.

"솔직한 말은 아름답지 않고, 아름다운 말은 솔직하지 않다. 선한 사람은 말을 잘하지 못하고, 말을 잘하는 사람은 선하지 않다. 지식을 아는 사람은 박식하지 않고 박식한 사람은 지식을 알지 못한다. 성인은 모으지 않고 다른 사람을 위하는데도 더욱 풍족하며, 다른 사람에게 베풀어도 더 많이 가지게 된다. 그래서 하늘의 도는 이로울 뿐 해롭지 않으며, 성인의 도는 다른 사람을 위할 뿐 다투지 않는다고 하는 것이다."

이전 노자 교수처럼 사극에 나오는 말투로 말하던 그가 싱긋 웃으며 사람들을 바라봤다. 그 모습을 지켜보던 민경이 놀란 표정을 지었다. 지금 장자 교수가 한 말은 이전에 노자 교수가 인생의 도를 알려준다고 하면서 한 말과 너무 똑같았기 때문이다.

"이 말을 조금 더 설명해 보자면 다음과 같네. 진실한 말은 아름답게 꾸미지 않으므로 아름답게 꾸민 말은 진실하지 않지. 그래서 선량한 사람은 꾸며서 말하지 않고, 교묘하게 말을 꾸미는 사람은 선량하지 않은 거야. 그리고 지혜가 있는 사람은 박식하게 모든 걸 다알지 않으며, 모든 걸 다 아는 사람은 지혜가 없는 것이지. 성인은 자신의 이익에 연연하지 않고 다른 사람을 있는 힘껏 도와줌으로써 더욱 풍족해지고, 다른 사람에게 아낌없이 베풀어 줌으로써 더 많은 걸 가지게 되네. 그래서 하늘의 규범은 만물에게 도움이 될 뿐 해를 끼치지 않으며, 성인의 규범은 다른 사람을 돕고 베풀 뿐 경쟁하지 않는 것이네.

들기에는 별것 아닌 것 같아 보이지만 실제로 실천하기는 쉽지 않은 내용이야. 수업 도중에 계속 언급할 예정이니 일단 모두들 이 내용을 잊지 말도록 하게.

그럼 일단은 '도'에 대해서 이야기해 보도록 하지. 이전 시간에 '도'에 대해 배웠겠지만 내가 말하는 '도'는 여러분이 이전 시간에 배운 '도'와는 약간 차이가 있네."

나비에 대한 언급 덕분에 민경은 단상에 앉아 있는 교수가 장자라는 걸 단박에 눈치챌 수 있었다. 왜냐하면 그녀는 장자 교수의 저서를 한시도 손에서 놓지 못할 만큼 좋아했기 때문이다. 그녀는 장자 교수처럼 꿈속에서라도 나비가 되어 훨훨 날아다니고 싶었다. 물론 이건 그녀뿐만이 아니라 모든 사람이 해 보고 싶은 경험이었다. 하지만 상상이 아무리 아름답다 하더라도 현실의 벽을 깨뜨릴 수는 없었다.

"사실 강의실을 들어오면서 맨 처음 한 말이 '도'에 대한 나의 생각이네. 나는 '도'가 정말로 존재한다고 생각하네. 우리가 조금만 주의를 기울인다면 '도'를 느낄 수 있지. 하지만 눈으로 보거나 귀로 들을 수는 없고, 손으로 만질 수도 없지. 그래서 '도'를 말로 설명하는 게 어려운 거야.

여러분이 '도'에 대해서 이해하기가 어렵다고 느껴진다면 그건 '도'가 형체가 없어 우리가 볼 수도 없고, 만질 수도 없기 때문이라네.

'도는 깊은 곳에 고요히 머무르고 있으며 맑고 깨끗하다.'

'도는 만물을 모두 짊어지고 있으니 얼마나 크겠는가!'

비록 '도'를 만질 수는 없지만 나는 만물을 포용할 정도로 크고, 깊은 호수처럼 맑고 투명하면서 아득히 깊은 '도'를 느낄 수 있네."

장자 교수는 잠시 말을 멈추지도 않았다.

"그래서 이전에 무시라는 사람은 '도는 들을 수 없으니 들리는 것은 도가 아니고, 도는 볼 수 없으니 보이는 것은 도가 아니며, 도는 말로 표현할 수 없으니 말로 설명한 것은 도가 아니라고 말하면서 도는 만물의 형체를 관장하면서도 형체가 없으니 이름을 붙일 수 없다'라고 말했다네.

무시라는 사람은 형태를 드러나게 하는 것은 형태가 보이지 않는다고 생각한 것이네. 형태를 보인다는 것은 '구체화'한다는 뜻이니까. 그러니 무한한 '도'를 형태로 구체화하거나 명칭을 사용해 한정할 수 없네. 그러니 '도'를 도라고 말하는 것도 어찌 보면 가장인 셈이지.

나는 '도'는 만물의 탄생의 근원인 동시에 만물의 변화를 담당한다고 생각하네. 이처럼 형태도 소리도 없는 '도'는 어디에나 있지만, 구체적인 실체는 없지. 한마디로 가늠할 수 없을 정도로 오묘한 존재라 할 수 있어. 또 이러한 도는 하늘과 땅을 모두 아우를 수 있으니 그 크기가 얼마나 대단할지 상상조차 할 수 없네."

　장자 교수는 쉼 없이 '도'에 대한 자신의 관점을 설명해 내려갔고, 민경도 이제는 '도'가 뭔지 조금은 알 것 같았다. 더구나 노자 교수가 말하는 '도'와 비교해 보면 장자 교수가 말하는 '도'는 사람을 사물과 동일시하며 세상 만물의 일치성을 강조하고 있었다. 동시에 노자 교수와 장자 교수가 말하는 '도'는 모두 '자유의 경지'를 추구하고 있었지만, 노자 교수가 추구하는 순수하고 소박한 본성의 도와 비교했을 때 민경은 장자 교수가 주장하는 자유분방한 도가 더 마음에 들었다.

02

별과 달을
움직이게 하는 건 무엇일까?

"하늘과 땅을 운행하고 해와 달이 번갈아 떠오르게 하는 게 무엇일지 생각해 봤는가? 이러한 현상을 유지하는 게 무엇일지 생각해 봤는가? 이러한 현상은 어떤 기구에 의해서 멈출 수 있는 것일까? 아니면 스스로 멈출 수 있는 것일까?

먹구름에 의해서 비가 내리는 것인가? 아니면 빗물이 내려서 먹구름이 만들어지는 것인가? 구름을 만들고 비를 내리는 건 무엇일까? 누가 이러한 현상을 일으키는 것일까? 공중에 이리저리 부는 바람이 구름이 떠다닐 수 있게 하는 건 누가 불거나 들이마시기에 그런 것인가? 아니면 아무도 건들지 않는데 이런 현상을 저절로 일어나는 것인가? 이러한 깃들이 어떤 원인으로 생겨나는 깃인지 묻고 싶네."

혼자서 질문을 쏟아내던 장자 교수가 갑자기 말을 멈췄다. 갑작스러운 질문 세례에 모두들 당황한 표정을 짓는 가운데 민경만이 자신만만한 표정을 지었다. 그녀는 《장자》를 읽었기에 장자 교수가 뭘 말하려 하는 건지 짐작이 갔다.

"우주의 근원은 무無라서 아무것도 없었고 이름도 없었네. 그러다 한데 섞여서 하나가 되어 우주가 시작되었지만, 만물은 아직 형성되지 않은 상태였지. 이처럼 한데 섞여서 하나가 된 상태를 자득이라 부른다네. 아직 형체는 만들어지지 않았을 때지만 음양의 기운으로 구별이 이루어지기 시작했지. 이렇게 음양이 한데 이어져 부합하는 것을 천명이라 부르네. 이후 음기가 머무르고 양기가 움직이니 비로소 만물이 생성되었는데, 이를 형체라고 부르지. 형체는 정신을 수호하며 제각기 다른 궤적과 법칙을 가지고 있는데 이걸 본성이라 부르네. 우리가 만약 몸과 마음을 잘 다스린다면 자득의 상태로 돌아갈 수 있네, 우주가 막 시작할 때와 같은 완벽한 경지에 다다를 수 있는 셈이지.

하늘과 땅은 본래 위대한 아름다움을 가지고 있으면서도 언어를 사용해 그것을 묘사하지 않고, 사계절의 운행은 명확한 규칙을 가지고 있으면서도 그것을 의논하지 않으며, 세상 만물의 변화는 모두 일정한 규칙이 있으면서도 그것을 논의할 필요가 없는데, 바로 이러한 것을 바로 '도'라고 할 수 있네.

신령하고 정묘한 도가 우주 만물의 각종 변화에 개입하여 어떤 것은 태어나고, 어떤 것은 죽고, 어떤 것은 네모나고 어떤 것은 둥글지만 누구도 그 변화의 근원을 알지는 못하지. 모든 것은 아주 오래전부터 자연스럽게 존재했던 것이니까. '천하'가 아무리 크다고 해도 도의 범위를 넘어설 수는 없고, 가을날 솜털이 아무리 작다고 해도 도에 의지하여야만 비로소 아주 작은 형체를 이룰 수 있네."

두 눈을 감고 설명하는 장자 교수가 심오한 표정을 지었다. 마치 마음속으로 도에 의해 운행되는 우주 만물의 모습을 그리는 것 같았다.

"우주 만물은 언제나 새로운 모습으로 변화하고 음양과 사계절은 각자 순서를 가지고 끊임없이 운행하지. 도는 어둡고 혼란스러워 존재하지 않는 것 같지만 어디에나 있고, 생명력이 넘치고 신묘하여 헤아릴 수 없고 구체적인 형체를 남기지 않네. 그것은 만물을 양육하지만 조금도 관찰할 수 없네. 그래서 그 근원을 자연의 도라 말하는 것이지.

밝아서 분명히 보이는 것은 어둠 속에서 생겨나고, 형체를 가지고 있는 것은 형체가 없는 데서 생겨나고, 정신은 도에서 생겨나며, 형태는 정묘한 기에서 생기지. 만물은 모두 형체에 의해 탄생하기 때문에 아홉 구멍을 가진 동물은 모두 태반에서 태어나고, 여덟 개의 구멍을 가진 동물은 알에서 태어나는 거지. 이것들은 오게 된 흔적도 없고, 떠나는 곳도 없어서 어디서 오고 가는지 어디서 머무르는지도 모르네. 그저 사방팔방으로 통해서 끝도 없이 넓다네.

　이런 상황을 따르는 사람은 사지가 건강하고 생각이 막힘이 없으며, 귀와 눈이 민첩해서 마음을 써도 피로하지 않고, 사물에도 규칙에 얽매이지 않고 순응하지. 하늘도 이를 얻지 못하면 높을 수가 없고, 땅도 이를 얻지 못하면 광활할 수 없으며, 해와 달도 이를 얻지 못하면 운행할 수 없고, 만물도 이를 얻지 못하면 왕성할 수 없다네. 그럼 뭘 얻고 따라야 한다는 걸까? 바로 도를 얻고, 도를 따라야 한다는 것일세!"

　장자 교수가 봇물 터진 듯이 자신의 철학을 막힘없이 설명해 내려가는 바람에 사람들이 교수가 말한 내용을 고민해 볼 여유조차 없었다. 더구나 장자 교수가 자세하게 자신이 이론을 설명하기는 했지만 여전히 적지 않은 사람들이 장자 교수의 '도'에 대해서 의문을 가지고 있었다.

　민경 역시 장자 교수의 말을 모두 이해하지는 못했지만, 들은 내용 중에 한두 개 정도는 마음에 와닿는 게 있었다. 특히 우주 만물에는 각각의 규칙이 있고, 그 배후에는 '도'의 역할이 있다는 말에 관심이 생겼다.

03

소를 해체할 때는
무슨 생각을 해야 할까?

"예전에 포정이 양혜왕을 위해 소를 잡아 해체한 일이 있었네. 포정이 손을 댄 곳이나 어깨를 기울여 지탱한 곳이나, 발로 밟은 곳이나, 무릎으로 받친 곳은 쩍쩍하는 칼날이 들어가는 소리와 함께 서걱서걱 살과 근육이 잘리는 소리가 들렸네. 그런데 그게 왠지 노랫소리처럼 들리는 걸세. 과거 은나라 탕왕 시기 명곡으로 유명했던 '상림 무악'과 어우러지면서 요임금 시기 명곡인 '경수'와도 어울리는 것처럼 들렸지. 포정의 뛰어난 기술에 놀란 양혜왕이 그에게 어떻게 이런 경지의 기술을 사용할 수 있냐고 물었다네."

자연 만물이 운행하는 도에 관해 설명하던 장자 교수가 이번에는 옛이야기로 수업을 시작했다. 그리고 강의실에 앉아 있는 사람들도 이미 장자 교수가 뭘 말하려는 건지 알고 있는 표정이었다.

"포정은 소를 해체하는 데 아주 뛰어난 기술을 가진 사람이었네. 그래서 사람들은 그의 기술이 대단하다는 것은 알았지만, 그가 소를 해체할 때 무슨 생각을 하는지는 잘 몰랐네. 아마 여러분도 포정해우庖丁解牛라고 이름 붙여진 이 이야기를 들어본 적 있겠지만 그 안에 어떤 의미가 담겨 있는지는 잘 모르겠지. 그래서 이번 시간에는 포정이 소를 해체했을 때의 전체적인 과정을 설명하고자 하네. 여러분도 포정이 소를 해체할 때 무슨 생각을 했을지 고민해 보길 바라네."

사람들에게 방향을 설명한 장자 교수가 다시 이야기를 시작했다.

"양혜왕의 질문에 포정이 손에 들고 있던 칼을 내려놓고는 자신이 뛰어난 기술을 갖게 된 이유를 설명했네. 물론 소를 해체하는 기술을 오랜 시간 연습했다는 건 모두가 알고 있었지만, 그것만으로는 포정이 가진 능력을 설명하기에는 부족했다네.

포정이 말하길 처음 소를 해체하는 법을 배울 때에는 눈에 소밖에는 보이지 않았다고 했네. 처음에는 눈앞에 있는 커다란 소에 당황해서 어디서부터 손을 대야 할지 갈피를 잡지 못했다는 걸세. 하지만 3년 동안 꾸준히 연습하니 이제는 소가 보이지 않게 되었다고 하더군. 여러분은 이게 무슨 뜻인지 짐작이 가는가?"

장자 교수는 학생들을 잠시 둘러보더니 말을 이었다.

"포정은 눈앞에 존재하는 소는 허상이라 생각하게 된 거네. 소를 해체할 때 눈을 사용해 보려 하지 않고 정신으로 소와 접촉하려 했네. 한마디로 정신만 활동하고 감각은 기능을 멈춘 걸세. 그렇다면 어떻게 칼이 들어가고 나올 데를 정확하게 알 수 있었을까? 바로 소의 몸의 구조에 따라 칼을 움직인 걸세.

소의 몸의 구조에 따라 가죽과 살 사이, 근육과 뼈 사이의 틈에 칼을 넣고 자연스럽게 해체하는 것일세. 이렇게 소의 몸의 구조에 따라 움직이면 칼이 뼈에 부딪히거나 살을 잘못 자르는 실수를 하지 않게 된다고 말했네.

포정은 실력이 좋은 요리사가 1년마다 한 번씩 칼을 바꾸는 이유는 소를 해체할 때 칼로 근육을 자르기 때문이고, 실력이 평범한 요리사가 한 달에 한 번씩 칼을 바꾸는 이유는 무리하게 뼈를 자르기 때문에 칼날이 손상돼서 그러는 것이라 말했네. 그러면서 자신은 19년 동안 수천 마리의 소를 해체했지만, 칼날은 항상 숫돌에 방금 간 것처럼 예리함을 유지하고 있다고 말했네.

포정의 칼날은 얇고 예리해서 소의 뼈와 근육 사이에 쉽게 들어가 움직일 수 있었고 그래서 19년 동안 칼날을 항상 새것처럼 유지할 수 있었던 것일세. 물론 항상 뼈와 근육 사이에 틈이 있는 건 아니지. 소를 해체하기 어려운 상황도 얼마든지 있을 수 있으니까.

뼈와 근육이 엉킨 곳을 만나면 포정은 낭황하지 않고 정신력을 집중한 다음 천천히 칼날을 미세하게 움직여 뼈와 고기를 분해했네. 이처럼 강한 힘을 들여서 억지로 뼈와 살을 분리하지 않고 뼈와 살의 연결 부분을 찾아 천천히 칼날을 움직인다면 진흙과 모래가 분해되듯이 소의 뼈와 살을 자연스럽게 분해할 수 있네.

포정은 뛰어난 기술로 소를 해체한다기보다는 '도'에 따라 소를 해체한다고 봐야 하네. 소의 구조를 이해해야만 포정처럼 쉽게 소를 해체할 수 있다네. 여러분은 포정이 소를 해체한 이야기를 듣고 무슨 생각이 드는가?"

자신의 이야기에 취해 있던 장자 교수가 사람들을 향해 질문했다.

"포정이 소를 해체한 이야기는 우리가 일할 때 사물이 움직이는 규칙을 알아야 한다는 걸 알려주고 있어요. 세상 모든 만물은 자신만의 규칙을 가지고 있으니까요. 하늘과 땅에도 나름의 규칙이 있고, 사계절이 번갈아 찾아오는데도 나름의 규칙이 있지요. 그러니까 우리는 이러한 세상 만물의 규칙을 이해하고 응용할 줄 알아야 하는 거죠.

또 한편으로는 이 이야기를 통해서 우리는 다른 교훈도 얻을 수 있어요. 사물의 규칙에 따라 일을 진행하던 중 난관을 만나더라도 무턱대고 부딪치기보다는 천천히 상황을 파악한 뒤 조심히 움직여야 한다는 거죠."

민경이 장자 교수의 질문에 속사포처럼 빠르게 대답했다. 토론의 분위기를 끝장내겠다는 듯이 자신 있게 대답하자 사람들이 곁눈질로 그녀를 바라봤다.

"자기 생각을 아주 잘 말해 주었군. 하지만 약간 부족한 면을 내가 보충해 설명해 주도록 하지. 포정이 소를 해체한 이야기를 통해서 나는 도에 관해서 설명하고 싶었네. 포정의 기술과 도는 완벽하게 일치한다고 할 수 있고, 포정과 소의 관계도 정신을 통해 서로 연결된다고 할 수 있네. 이는 사람과 자연, 사람과 우주 만물이 하나가 되어 '도'를 드러낸 것이라 할 수 있어. 이게 바로 방금 학생이 놓친 부분이네."

04

죽기 살기로 싸우며
토론해야 할까?

"말을 단순히 입으로 불어서 나는 소리라고 할 수는 없지. 말에는 표현하고자 하는 뜻이 있으니까. 그러니 뜻을 정확하게 말하지 않는 말을 한다면 과연 말이라고 할 수가 있을까? 말을 하지 않은 거나 마찬가지가 아닐까? 그런 말이 새의 울음소리와 다르다면 차이점이 있겠는가? 아니면 없겠는가?

주변에는 항상 말 잘하는 사람이 있지. 그들은 자신의 입으로 세상의 진리를 말하고 있다고 생각하네. 그리고 대부분 우리도 그들의 말에 영향을 받지. 하지만 자세히 생각해 보게. 그들의 말에 정말 의미가 있다고 생각하나?

도는 어디에 숨어 있기에 진실과 거짓이 있을까? 말은 어디에 숨어 있기에 옳고 그름이 있을까? 큰 도는 어떻게 나타났기에 더는 존재하지 않는 것일까? 말은 어떻게 존재하기에 타당하지 못한 걸까? 큰 성공은 작은 성공에 가려지고, 언어는 겉만 화려한 수식에 덮여졌지. 유가와 도가는 서로 옳고 그름을 두고 싸우면서 상대방이 부정하는 것을 긍정하고, 상대방이 긍정하는 것을 부정했네. 하지만 나는 상대방이 부정하는 것을 긍정하고 상대방이 긍정하는 것을 부정하며 비난하기보다는 사물이 본래 가지고 있는 모습을 관찰해 밝은 지혜를 가지려 하는 게 낫다고 생각하네. 여러분은 옳고 그름을 어떻게 판단하나?"

장자 교수가 강의실에 있는 사람들을 바라보며 질문했다.

'우리는 무엇에 근거해 옳고 그름을 판단하는 것일까?'

이 문제를 곰곰이 생각하던 사람들은 자신이 옳고 그름을 판단하는 기준이 없다는 걸 발견했다. 하지만 그렇다고 일상생활에서 옳고 그름이 존재하지 않는 건 아니었다. 그렇다면 옳고 그름은 어떻게 생겨난 것일까?

이 문제는 민경을 깊은 생각에 빠져들게 했다. 책을 읽거나 무언가를 배우려 하는 건 좋은 일이었지만 읽기 좋은 책과 나쁜 책은 어떻게 구분해야 할까? 내용이 건전한 책은 좋은 책이고 내용이 건전하지 않은 건 나쁜 책인 걸까? 그렇다면 내용이 건전하다는 걸 구분

하는 기준은 무엇일까? 우리가 생각하는 좋고 나쁨은 무엇을 기준으로 삼는 걸까?

장자 교수의 질문에 자신 있게 대답할 수 있는 사람이 아무도 없었다. 강의실 안에 무거운 침묵이 감돌았다. 심지어 소곤대며 상의하는 소리조차 들리지 않았다. 아무도 대답하지 않자 장자 교수가 입을 열었다.

"이 문제를 해결하려면 먼저 다른 걸 이해할 필요가 있네. 나는 사물은 모두 대립하는 저쪽 면을 가지고 있는 동시에 대립하는 이쪽 면을 가지고 있다고 생각하네. 사물이 서로 대립하는 저쪽 면은 이쪽 면을 보아도 볼 수 없지만, 사물이 서로 대립하는 이쪽 면은 볼 수 있고 이해할 수도 있네.

그래서 사물의 저쪽 면은 사물의 이쪽 면에서 생겨나고 사물의 이쪽 면은 사물의 저쪽 면에서 기인한다고 말하는 것이네. 사물의 대립하는 양쪽은 서로 함께 존재하고, 서로 의지하는 거야. 한마디로 태어나기에 죽음이 있고, 죽음이 있기에 생명이 태어나는 것이며, 긍정이 있기에 부정이 있고, 부정이 있기에 긍정이 있는 것이지. 또 정확함에 기댄다는 것은 동시에 잘못한 면을 따르는 거고, 잘못된 면에 기댄다는 것은 동시에 정확한 면을 따르는 것이 되는 셈이지.

그래서 성인은 옳고 그름을 구분 짓지 않고 사물의 본래 모습과 대조해서 관찰하고 사물이 가진 본래 상태를 따르지. 사물의 이쪽 면이 곧 사물의 저쪽 면이고, 사물의 저쪽 면은 곧 사물의 이쪽 면이니까. 사물의 저쪽 면에 옳고 그름이 함께 존재한다면 사물의 이쪽 면에도 옳고 그름이 함께 존재하고 있는 걸세."

장자 교수가 손바닥과 손등을 번갈아 보이며 설명했다.

"사물의 이쪽 면과 저쪽 면에 모두 옳고 그름이 존재한다면 옳은 면을 선택하는 동시에 잘못된 면을 선택하는 셈이며, 반대로 잘못된 면을 선택하는 동시에 옳은 면도 선택하는 셈이지. 그럼, 이 문제를 다른 각도에서 이해해 볼 수는 없을까? '사물에는 정말 이쪽과 저쪽 양면이 있을까? 아니면 없는 것인가?' 내가 봤을 때 이쪽과 저쪽 대립하는 양면은 없다고 생각되네. 다만 도의 주축만 있을 뿐이지. 도의 주축을 파악한다면 사물 발전의 핵심을 파악할 수 있고, 이로써 사물의 무궁무진한 변화에 순응할 수 있게 되지.

길은 걸어 다녀서 생기는 것이고, 사물은 사람들이 불러서 이름이 생기는 법이네. 그렇다면 어떻게 해야 옳은 것일까? 옳다는 것 그 자체에 옳음이 있는 것이네. 어떻게 해야 잘못됐다고 하는 것일까? 잘못됨은 그 자체에 잘못됨이 있는 것이네. 어떻게 해야 타당하다고 할 수 있을까? 타당할 수 있는 것에 타당함이 있는 것이네. 어떻게 해야 타당하지 않을 수 있을까? 타당하지 않음에 타당하지 않음이 있는 것이네. 사물은 본래 옳은 면을 가지고 있고, 타당한 면을 가지고 있지. 옳은 면이 없는 사물은 있을 수 없고, 타당하지 않은 사물은 있을 수 없네.

낡은 사물이 분해되면 새로운 사물이 형성되고, 새로운 사물이 형성되면 낡은 사물은 사라지지. 모든 사물은 형성됨과 사라짐의 구분이 없고 모두 하나. 다만 깨달음을 얻은 사람만이 사물의 이러한 이치를 알 수가 있다네. 그러니 굳이 사물이 이런지 저런지를 해석하려 할 필요가 없이 자신의 관점을 평범한 이치에 맡겨두면 되는 것이네.

평범한 이치란 쓸모가 없으면서도 있는 것으로 사물이 쓸모가 없으면서도 쓸모 있다는 걸 아는 것이야말로 깨달음에 이르렀다고 할 수 있지. 깨달음을 얻은 사람은 비로소 진정으로 사물의 이치를 깨달은 사람이라 할 수 있네. 사물의 이치를 이해하는 것도 도에 접근했다고 할 수 있어."

긴 설명에 숨이 가빠진 장자 교수가 잠시 숨을 골랐다.

"이 내용을 설명하는 데 적합한 이야기를 하나 소개해 주도록 하지. 원숭이에게 아침에는 세 개, 저녁에는 네 개의 도토리를 주는 이야기이네.

옛날에 원숭이를 키우던 사람이 원숭이들에게 도토리를 아침에는 세 개, 저녁에는 네 개를 나눠 주겠다고 말했다네. 그러자 원숭이들이 불같이 화를 냈지. 그래서 원숭이들의 화를 누그러뜨리려 그가 도토리를 아침에는 네 개, 저녁에는 세 개 주겠다고 말하자 원숭이들이 기뻐하더라는 거야.

　하루에 받는 도토리의 개수는 그대로인데도 원숭이들은 왜 화를 냈다가 기뻐했다가 했던 걸까? 바로 자기 생각만 옳다고 생각했기 때문이네. 그래서 과거 성인들은 옳고 그름을 동일시하고 자연의 균형 속에서 유유자적한 삶을 살았던 거네. 이것이 바로 이번 수업 시간에 내가 말하고자 했던 내용이네. 만물은 모두 하나이고, 옳고 그름은 모두 하나의 사물 안에 존재하고 있으니 우리도 나와 사물이 본래 가진 자리를 지키면서 스스로 발전해나가야 하네."

아우구스티누스
'미학'

사물은 왜 아름다운가? 아름다움은 어디서 오는가?
가장 아름다운 것은 무엇인가?

아름다움의 등급 / 추함의 아름다움 / 신의 완벽함
4세기의 신학자이자 철학자로 초대 교회 교부敎父 중 하나이며
교회학자. 교부철학과 신 플라톤학파의 철학을 종합하여
가톨릭교회의 교의에 이론적인 기초를 다져 중세의 기독교 사상에
큰 영향을 끼쳤다. 개신교 신학자와 시인, 실존주의 철학자들에게 영향을 끼쳤다.
《고백록》,《삼위일체론》,《신국론》 등의 저서가 있다.

01

가장 아름다운 건
신

"강의실에 앉아 있는 여러분을 보니 이렇게 많은 사람이 내 수업을 들으러 왔다는 게 반갑고, 또 배우고 싶어 하는 여러분의 모습을 보니 마음이 즐거워지는군. 나는 다양한 경험을 하고 여러 잘못을 저지르면서 살아왔지만 그런데도 평탄한 삶을 살 수 있었던 건 신 덕분이었네."

난데없이 신을 찬양하면서 수업을 시작하는 걸 보면 견실한 신앙을 가진 사람인 것 같았지만, 누구인지 모르니 무슨 이유로 신을 믿게 되었는지도 알 수 없었다.

"오늘 수업에서는 '아름다움'과 이에 관련된 문제에 관해 이야기해 보도록 히겠네. '아름다움'에 대한 문제는 모두가 관심을 가지는 문제인 만큼 이거부터 다뤄 보도록 하지. 여러분은 가장 아름다운 건 뭐라고 생각하나?"

민경은 정확한 답도 없고 대답하기도 힘든 문제를 물어보자 속으로 생각했다.

'가장 아름다운 게 뭐라고 말하면 분명 이유를 말하라고 하겠지? 하지만 이유까지 말하기는 힘든데. 그냥 내가 가장 아름답다고 말할까? 그럼 이유를 고민할 필요는 없겠지만 놀림을 받게 될 거야.'

민경이 이렇게 고민을 거듭하고 있을 때 주변 사람들도 수군거리면서 일어나서 대답하려 하지는 않았다. 모두 이 문제에 정확한 대답이 없는 데다가 자신의 대답을 뒷받침해 줄 만한 이유를 찾기 힘들다는 걸 아는 것 같았다.

"여러분이 정확한 답을 알지 못하는 것 같으니 내가 알려주도록 하겠네. 하지만 먼저 답을 알기 전에 이 문제의 핵심을 자세히 생각해 볼 필요가 있어. 이 문제에서 핵심은 '가장'이란 단어이지. 만약 각자 아름다운 게 뭔지 말한다면 우리는 그것 중 어느 것이 아름다운지 비교해 볼 필요가 없네. 각자 아름다움을 느끼는 기준이 다르니 자신이 아름답다고 생각하는 이유가 명확하다면 그것으로 충분한 것이지.

하지만 '가장 아름답다'라는 건 상황이 달라. 왜냐하면 아름답다고 생각하는 이유가 그것이 '가장 아름답다'라는 걸 뒷받침해 주는 이유는 아니니까. 그러니 여러 가지 이유를 비교한 뒤 '아름다운' 것들의 등급을 나눠야 하네. 이렇게 등급을 나누면 가장 아름다운 게 무엇이고 아름답지 않은 게 무엇인지 알 수 있으니까.

아름다움의 등급에 대한 문제는 다음 시간에 자세히 이야기해 보도록 하고, 지금은 계속해서 '가장 아름다운 것'에 대한 문제를 다뤄 보도록 하지. 사실 나는 이전에 내가 완성한 작품들을 돌아보던 중 심각한 오류를 저질렀다는 걸 발견했네. 바로 오랜 시간 '가장 아름다운 것'에 대한 문제를 해결할 방법을 찾지 못했다는 거지. 하지만 이제는 이 문제를 해결할 방법을 찾았네.

이전에 나는 《미와 적합성》이란 책을 쓰면서 항상 사물의 내면에서 아름다움을 찾으려 했지. 그러나 여러 풍부한 경험을 하면서 마침내 아름다움은 사물의 외면에서 온다는 사실을 알게 되었다네. 이전에 나는 항상 사물이 아름다운 이유를 설명할 수 있다면 가장 아름다운 사물을 찾을 수 있다고 생각했어. 하지만 수많은 노력과 시행착오를 거친 뒤에 이런 시도가 별 의미가 없다는 걸 발견했네.

그래서 가장 아름다운 사물을 찾을 다른 방법을 생각해냈지. 바로 '사물이 왜 아름다운지'를 연구하던 것에서 '사물의 아름다움은 어디서 오는지'를 연구하기 시작한 거야. 아름다움의 근원을 찾는다면

'가장 아름다운' 존재도 찾을 수 있을 테니까."

　정말 이 세상에 가장 아름다운 존재가 있을까? 그런 게 있을 거라고 생각해 본 적도, 그런 존재를 상상해 본 적도 없었던 민경은 호기심 어린 표정을 지었다.

　"연구 방향을 바꾼 뒤 나는 '아름다움'의 근원을 찾을 수 있었고, 그것이 '가장 아름다운' 존재라는 생각이 들었지. 아름다움에 등급이 존재한다면 가장 높은 등급에 있는 아름다움이 바로 아름다움의 근원일 테니까. 그렇다면, 내가 같은 가장 높은 등급의 아름다움이 무엇일 것 같나? 바로 신이었네. 신은 모든 아름다움이자 가장 높은 등급의 아름다움이지. 세상 만물은 모두 신의 아름다움을 모방해서 아름답게 변하는 만큼 신은 유일한 진정한 아름다움이라 할 수 있네.

　이 때문에 내가 신을 위한 찬양을 할 수밖에 없는 거지. 신은 천지를 창조한 절대자이네. 신이 아름답기에 만물이 아름다울 수 있고, 신이 선하기에 만물이 선할 수 있는 것이며, 신이 존재하기에 만물이 존재할 수 있는 거네. 하지만 만물의 선함과 아름다움, 존재함은 절대 창조자인 신과 같을 수 없지. 신과 비교하면 그것들은 선하지 않고, 아름답지 않으며 존재하지 않는 거나 다름없네. 신의 아름다움과 선함은 그가 창조한 만물을 훨씬 뛰어넘는다네.

사람과 다른 사물들은 신의 아름다움에 접근할 수 없네. 그러니 사람은 반드시 욕망의 속박에서 벗어나 온 마음을 다해 신을 숭배하고 사랑해야 하는 거지. 자신의 영혼을 신에게 맡겨야 비로소 신의 보살핌을 받고, 진정으로 신의 아름다움을 볼 수가 있다네. 하지만 인간은 신의 아름다움이 조금씩 가깝게 갈 수 있을지언정 신의 아름다움을 넘어설 수는 없네.

　그렇다면 신은 어디에 깃들어 있는 걸까? 나는 진정으로 신을 숭배하고 사랑하는 사람은 그 영혼이 신에게 돌아갈 수 있으며, 신은 그 또는 그녀의 마음에 드러난다고 생각하네. 간단히 말해서 신은 순수한 영혼 안에 존재하며, 신의 아름다움도 그 속에 있다고 할 수 있지."

02

아름다움에도
등급이 있을까?

"가장 아름다운 건 신이며 아름다움에도 등급이 있다는 사실을 언급했었네. 이번 시간에는 아름다움의 등급에 대해서 분석해 보도록 하지.

확실히 할 점은 내가 말하는 아름다움의 등급은 여러분이 생각하는 것처럼 다양하지 않네. 물론 아름다움을 또렷한 이목구비, 날씬한 몸매와 같은 기준으로 구분하지도 않을 거야. 이 세상에는 사물의 아름다움, 형체의 아름다움, 영혼의 아름다움, 감성의 아름다움 등 가지각색의 다양한 아름다움이 있네. 물론 이런 아름다움들은 모두 신이 창조한 것들이지.

그러니 내가 봤을 때 등수보다는 계단형식을 이용해 아름다움의 등급을 나누는 게 적당할 것 같아. 가장 아름다운 신은 자연스럽게 가장 높은 계단에 올라 있겠지. 그리고 신의 바로 아래 계단에는 정신의 아름다움이 있을 거네. 정신의 아름다움은 하나의 단일한 개념이 아니라 서로 다른 다양한 아름다움의 형식을 포함하고 있는데, 그중에서도 도덕의 아름다움과 예술의 아름다움이 주를 이루고 있네.

도덕의 아름다움과 예술의 아름다움 말고도 영혼의 아름다움 역시 정신의 아름다움에 중요한 부분이네. 영혼의 아름다움은 생각과 행위로 구성되는데 여기의 생각은 마땅히 교리를 따르는 생각을 말하는 것이고, 행위는 도덕적 규범에 부합하는 행위를 말하는 것이네. 고상한 도덕은 영혼을 아름답게 변하게 만들고 악함은 영혼을 추하게 만들지. 종교 규칙에 따르는 것이 영혼의 아름다움이며, 이것이 바로 사람을 아름답게 변화시키는 만큼 곱사등을 한 사람이라도 아름답게 변할 수 있네."

아우구스티누스는 잠시 숨을 고르고는 계속 말을 이었다.

"정신의 아름다움에서 우리는 사람과 동물 사이의 다른 점을 발견할 수 있네. 밤꾀꼬리의 노랫소리보다 사람의 노랫소리가 더 아름다운 것은 사람의 노래에는 기본적인 선율뿐만 아니라 정신적인 내용도 표현되어 있기 때문이네.

그리고 정신의 아름다움 밑에는 물질의 아름다움이 있지. 정신의 아름다움과 비교하면 물질의 아름다움은 짧고 상대적인 아름다움이야. 물질의 아름다움의 신이 창조한 것으로 신의 아름다움에 다다를 수 없지만, 신의 아름다움을 표현하거나 신의 아름다움을 가리키는 형식은 될 수 있네. 그러니 신의 아름다움을 반영한다고는 볼 수 있겠지.

물질의 아름다움의 가치는 우리가 직접 알 수 있는 유일한 아름다움이며, '아름다움'에 대한 '생각의 출발점'일세. 우리는 물질의 아름다움을 보고 느끼면서 다른 아름다움도 생각할 수 있지. 이러한 물질의 아름다움은 신이 창조한 것으로 신의 형상을 가지고 있는 만큼 신의 영험함과 기적을 찬양하는 목적을 가지고 있다네.

우리가 말하는 아름다움의 형식은 반드시 '통일'된 개념으로 언급해야 하네. 통일은 미의 형식에 내재한 규범으로 아름다움의 형식의 본질이라 말할 수 있지. 글자대로 이해하면 통일은 하나의 완전한 유기적 일체라 할 수 있네."

민경은 자세를 고치고 집중하기 위해 몸을 기울였다.

"사물 중에는 완전한 통일성을 가진 사물은 없으며, 물론 완전한 아름다움을 가진 사물도 없네. 완전한 아름다움은 오직 신만이 가질 수 있으니까. 그러니 우리는 어떤 형식이나 형체에서 완전한 아름다움의 흔적을 찾으려 애쓸 필요가 없는 거지.

　이렇게 계단식으로 아름다움을 나누는 건 아주 필요한 일이야. 여러분은 평소에 가장 높은 단계인 신의 아름다움과 가장 아래 단계인 물질의 아름다움 중에서 어느 것을 추구하며 살았는가? 물론 신의 아름다움은 일반 사람이 다다를 수 있는 경지가 아니긴 하지만, 정신의 아름다움은 다다를 수 있네. 그러니 모두들 물질의 아름다움보다 정신의 아름다움을 추구하는 게 어떤가?"

03

사람은 어떻게
'못생겨'질까?

"계속 아름다움에 관련된 문제를 설명했으니 여러분도 이제 아름다움에 대해 이해했으리라 생각하네. 그래서 이번 시간에는 주제를 바꿔서 '추함'이 어떻게 해서 생기는지를 다뤄 보려 하네. 물론 '추함'을 말하기 전에 이전에 배웠던 아름다움에 대한 문제를 돌아볼 필요가 있네.

우리는 가장 아름다운 건 신이라 배웠네. 그리고 신은 아름다움의 유일한 근원이라서 세상의 모든 척도, 형식 등의 아름다움은 신이 만들어 낸 거라네.

그러니 세상의 모든 예술 법칙, 심미 법칙도 신에게서 온 것이지.

그렇다면 모든 걸 신이 창조해냈음에도 어째서 세상에는 '못생긴' 사물이 있는 것일까? 이 문제에 대해 여러분이 두 번째 시간에 배웠던 미의 등급과 결부시켜 대답해 봤으면 좋겠군."

혼자서 수업을 이어가던 아우구스티누스 교수가 갑자기 강단 아래 사람들에게 질문을 던지리라고는 예상하지 못한 일이었다. 강의실에 앉아 있는 사람들의 반응을 보니 모두 민경과 같은 생각인 것 같았다. 민경은 아우구스티누스 교수가 제시한 문제 안에 실마리가 있을 거라는 생각이 들었다.

"아름다움에 서로 다른 등급이 존재한다면 사물에 따라서 아름다운 정도가 다르다고 생각해요. 한마디로 높은 등급이 낮은 등급보다 상대적으로 더 아름답고, 반대로 낮은 등급이 높은 등급보다 덜 아름답다면, 아름다움의 등급이 낮은 걸 '추함'이라고 이해해 볼 수도 있겠지요. 그러니까 '추함'도 일종의 아름다움이지만 다른 아름다움과 비교해서 그 정도가 낮은 게 아닐까요."

대답하면서 민경은 속으로 '비교 받지 않으면 상처받지도 않는다'라는 말이 떠올랐지만 굳이 말하지는 않았다. 진지한 태도로 답한 민경의 말에 아우구스티누스 교수는 흡족한 미소를 지으며 아무런 말도 하지 않았다. 잠시 시간이 흐른 뒤에도 추가로 대답하는 사람이 없자 아우구스티누스 교수가 입을 열었다.

"아주 훌륭한 대답이었네. 나는 사물의 척도, 형식과 질서가 잘 어울리는 비율을 하고 있을 때 비교적 높은 등급의 아름다움이라는 생각이 드네. 그러니 사물의 척도, 형식, 실서가 어울리지 않으면 낮은 등급의 아름다움을 가지고 있는 셈이지. 이런 점을 보면 우리는 사물 사이의 척도, 형식, 질서가 어울릴수록 아름다운 것이고, 어울리지 않을수록 아름답지 않은 것이라는 결론을 내릴 수 있겠지.

그렇다면 '추함'이 존재하는 것도 당연한 사실이 되네. 왜냐하면 서로 다른 정도의 아름다움이 존재한다면 서로 다른 정도의 추함도 존재하게 되는 것이니까. 즉 추함을 일종의 정도가 비교적 낮은 아름다움이라 이해할 수 있지. 여기서 여러분과 추함에 대한 몇 가지 방면을 함께 생각해 봤으면 하네."

아우구스티누스 교수가 손가락 하나를 펼치며 설명했다.

"첫 번째는 '추함'은 사물의 본성이 아니라 대부분 의지의 오해로 비롯된다는 것이네. '본성'은 신이 부여한 것이므로 의심할 바 없이 아름다운 것이지. 하지만 '의지'는 인간만이 가지고 있는 특성이야. 그러므로 추함과 아름다움에는 본질에서 차이가 없네. 다만 아름다움은 객관적인 존재이고 추함은 주관적일 뿐이지."

그가 손가락 하나를 더 펼쳐 두 번째라는 표시를 하며 주변을 바라봤다.

"두 번째는 앞에서 언급했듯이 추함은 그저 상대적으로 낮은 아름다움이란 것이지. 신이 창조한 만물은 모두 아름답지만, 아름다운 정도는 차이가 있네.

모든 사물이 비교해 보거나 같은 사물을 비교해 볼 때 약간 뒤떨어지는 사물을 나쁘다고 말하지. 여기서 우리는 사람과 원숭이를 가지고 비교해 볼 수 있네. 각각 보면 사람의 형체나 원숭이의 형체 모두 아름답지. 하지만 일단 사람과 원숭이를 같이 두고 비교해 보면 원숭이의 아름다움이 약간 부족하거나 '추해' 보인다고 느끼게 되네.

그래서 사람들은 '사람의 형체는 아름답고 원숭이의 형체는 추하다'라고 생각하게 되네. 하지만 사실은 형체의 특징이나 능력에서 보면 사람과 원숭이는 완전히 다르네.

이처럼 사람과 원숭이를 비교하는 것처럼 우리는 일상생활 속에서 끊임없이 서로를 비교하며 살아가네. '못생겼다'라는 말을 들은 사람은 자신의 모습에 문제가 있기보다는 대부분 더 아름다운 모습과 비교를 당했기 때문에 그런 말을 듣는다네. 모두 못생겼다는 말을 듣고 싶어 하지 않지만, 주변에서 엄연히 벌어지는 현실이지.

종합해서 말하자면 사람을 비롯한 신이 창조한 만물은 모두 충만한 아름다움을 가지고 있고, 진정한 추함은 존재하지 않아. 그러니 여기 앉아 있는 여러분도 모두 아름다운 사람들인 거지.

만약 우리가 정신의 아름다움을 추구하면서, 아름다움과 추함을 눈이 아닌 정신으로만 판단한다면 추함은 더 이상 문제가 되지 않을 거네. 왜냐하면 정신은 감각기관인 눈보다 더 높은 지각을 할 수 있으니까. 이런 지긱을 통해서 우리는 어느 사물이 공정하고 어느 사물이 불공정한지 알 수 있네, '정의'는 정신의 아름나움이므로 정신을 통해서만 발견할 수 있지. 그래서 나는 진정으로 사람을 아름답게 하는 것은 정신의 아름다움이라고 생각하네."

데카르트
'의심'

나는 생각한다, 고로 존재한다.

회의론 / 완벽함 / 타고난 관념
프랑스의 철학자, 물리학자, 수학자, 신학자. 근대 철학의 아버지,
해석 기하학의 창시자로 불리며 17세기 유럽 철학계와 과학계에 큰 영향을
미쳤다. 합리론을 내세우고 저서인 《방법서설》을 통해
계몽사상의 '자율적이고 합리적인 주체'를 확립한 것으로 유명하다.
경험을 배제하고 이성을 유일한 인식의 원천을 여겼으며 이성의 능력으로
신이 창조한 세계에 대한 지식에 도달할 수 있다고 했다.
이후 스피노자와 칸트, 헤겔과 같은 철학자들에게 큰 영향을 끼쳤다.

01

완벽함은
어디서 올까?

　강의실에 앉아 30분 동안 기다려도 오늘 수업하는 교수의 모습을 보이지 않자 민경은 속으로 장자 교수처럼 자유분방한 교수가 올 것 같다고 생각했다. 하지만 시간이 흐르자 사람들의 인내심도 바닥을 드러내기 시작했다.

　한참의 시간이 더 흐른 뒤에 검은색 옷차림에 초췌한 얼굴을 한 남자가 강단에 올라왔다. 소탈한 사람일 거라는 민경의 예상과 달리 이번에 온 교수는 상당히 허약해 보였다.

　"나는 이성주의자라서 사람은 이성을 사용해 철학적 생각을 해야 하며, 이성이 감각보다 믿을 수 있다고 생각하네. 여기 오는 길에 나처럼 철학을 연구하는 교수를 한 명 만났는데 그가 나에게 자신이 꾼 꿈 이야기를 해 주더군. 꿈속에서 자신이 나비가 됐었다나. 꿈이 너무 현실 같아서 자신이 누구인지도 잊고, 사람인지 나비인지 분간할 수도 없을 지경이었다는 거야. 그는 아마도 자신이 그때 진실한 세계에 있었다고 믿는 것 같은데, 사실은 환상 속에 있었을 뿐이지.

우리는 감각기관의 기능을 믿어서는 안 되네. 끊임없이 의심하면서 정말로 존재하는 게 무엇인지 찾아내야 하지. 일단 의심하는 문제에 대해서는 다음 시간으로 미뤄두고, 지금은 '완벽함'에 대해 이야기해 보도록 하지."

소개도 없이 수업을 시작하던 교수는 목이 말랐는지 물을 한 모금 마셨다.

"많은 사람이 '완벽함'을 추구하지만 얻지는 못하네. 그럼, '완벽함'은 어떤 모습인 걸까? 모두들 이 문제에 대해 고민해 본 적이 있겠지?"

자세히 생각해 보면 민경은 '완벽함'이란 개념은 추구해 본 적도 없었고, 고민해 본 적도 없었다. 왜냐하면 평상시 그녀는 '완벽하다'란 말을 들어본 적도 없었고, 자신이 그렇게 할 수 있을 거라 생각해 본 적도 없었기 때문이다.

"나는 '완벽하다'라고 말하려면 완벽한 실체가 반드시 있어야 한다고 생각하네. 완벽한 실체가 없다면 완벽하다는 관념도 있을 수 없으니까."

사람들이 완벽함에 대해 소곤소곤 의견을 나누자 강단 위에 선 교수가 자신의 관점을 이야기했다.

그 말에 민경은 자신과 자신의 이름을 떠올렸다. '민경'이란 이름은 어떻게 생기게 된 걸까? 그녀는 자신이 태어났을 때 자신의 아버지가 이 이름을 선택했다고 알고 있었다. 그렇다면 민경이란 이름을 가진 자신이 없었다면, '민경'이란 이름도 없었을까? 만약 당시에 태어난 사람이 자신이 아니었다면 현재 '민경'이란 이름도 존재하지 않았을까?

"만약 완벽함의 실체가 존재하지 않는다면 이 세계에 '완벽함'은 존재하지 않아. 하지만 우리는 모두 자신이 완벽하지 않다는 걸 알고 있지. 그러니 '완벽함'이란 관념은 우리로부터 비롯됐다고 할 수 없네. 그렇다면 완벽함의 실체는 무엇일까? 나는 신이라고 생각하네.

먼저 우리의 영혼에는 서로 다른 수많은 관념 중에서 전지전능하고 절대적으로 완벽한 존재에 대한 관념이 있네. 그래서 나는 이런 관념의 실체인 절대적이고 완벽한 존재가 있다고 생각하는 것이지.

예를 들어서 삼각형의 관념에는 세 각의 합이 두 직각과 같다는 걸 포함하고 있으므로 나는 삼각형의 세 각의 합은 두 직각과 같다고 믿을 수 있네. 마찬가지로 필연이나 영원과 같은 관념이 존재한다는 것은 필연적이고 영원한 무언가가 존재한다는 뜻이네. 하지만 우리는 그렇지 않으니 필연적이고 영원한 존재가 신이라는 결론을 내릴 수 있지."

"다음으로 우리의 마음속에는 신에 대한 관념이 있네. 그러므로 우리는 이런 관념이 생긴 원인을 고민해 볼 수 있어. 우리가 절대적인 완벽한 무언가가 있다고 생각하는 것은 완전무결한 실체가 있다는 의미이니, 즉 신이 존재한다는 뜻이네.

더구나 아무것도 없는 무에서 무언가가 생길 수 없을 뿐만 아니라 비교적 완전하지 않은 것에서 완벽한 무언가를 생겨날 수도 없네. 그러니 완벽하지 않은 우리에게서 완벽함에 대한 관념이 생길 수는 없지. 이런 점에서 우리는 한 가지 결론을 내릴 수 있네. 바로 완벽함이란 관념이 신에게서 생겨났다는 것이지.

마지막으로 우리는 우리 자신의 원인이 될 수 없으며, 신만이 우리의 원인이 될 수 있네. 그러므로 신은 존재하는 것이지. 우리는 고도의 과학기술을 갖춘 기계가 있다는 관념을 가질 때 어떤 방식으로 관련된 지식을 얻을 수 있는지를 분명하게 알고 있네. 하지만 신이 항상 우리의 마음속에 존재하기 때문에 신이 언제 자신의 관념을 우리에게 전달해 주는 건지 알지 못하는 거네."

"자연의 빛은 우리에게 자신보다 더 완벽한 존재가 있으며 자신은 창조자가 아니라는 걸 분명하게 보여주네. 그렇다면 자연의 빛은 자신이 알고 있는 모든 완벽함을 자신에게 부여했다는 것이 되지. 이 때문에 그의 존재는 다른 것에서 온 게 아니라 모든 완벽함을 가진 것에서 올 수밖에 없으므로 신에게서 왔다고 할 수 있네.

만약 우리에게 스스로를 보존하는 능력이 있다면 우리는 분명 자신에게 모든 완벽함을 줄 것이네. 하지만 우리는 자신에게 모든 완벽함을 줄 수 없으니 우리는 스스로 보존하는 능력이 없는 것이고, 분명 다른 원인으로 존재하고 있는 것이네. 그리고 이 원인은 바로 신이라 할 수 있지. 신은 우리를 보존할 능력이 있으며, 동시에 자신을 보존하고, 자신에게 모든 완벽함을 부여할 능력이 있네.

그래서 신은 절대적으로 완벽한 것이자 자신을 보존할 수 있는 동시에 우리에게 완벽함을 부여할 수 있는 존재이지. 그리고 신이란 완벽한 실체가 존재하므로 우리가 가진 완벽하다는 관념도 신에게서 부여된 거라 할 수 있지."

교수의 주장이 아주 논리적이었지만 민경은 그래도 자신은 부모에 의해서 태어난 것이지 신에 의해서 창조된 게 아니라고 생각했다. 그리고 그 뿌리를 더 찾는다면 호모사피엔스와 같은 현생인류까지 거슬러 올라갈 수도 있었다. 물론 다른 시대를 살았기 때문에 교수가 이런 주장을 하는 거란 건 알고 있었지만 그래도 머릿속에서 계속 반문이 드는 건 어쩔 수 없었다.

02

모든 사람의
마음속에 있는 신

"먼저 '완벽함'에 대해 이야기했으니 이제 내가 가진 관념에 대한 중요한 이론인 '선천적인 관념'에 대해서 여러분과 이야기를 나눠 보고 싶군. 먼저 여러분은 '관념이란 무엇인가'에 대한 문제에 어떤 생각을 가지고 있는가?"

교수가 설명하기 전에 강단 아래 사람들을 바라보며 질문했다.

"저는 관념이 개념과 같은 거라고 생각해요. 예를 들어 저 물건에 대한 관념을 가지고 있다고 말할 수 있다면 저 사물에 대한 개념을 가지고 있다고 말할 수도 있으니까요."

강의실 구석진 곳에 앉아 있던 남학생이 대답하자 민경은 일리가 있는 말이라 생각하며 고개를 끄덕였다.

"저도 조금 전 학생의 대답에 동의해요. 관념이 견해와 비슷한 면이 많다고 생각하거든요. 다만 관념은 우리의 머릿속에서 대략 남아 있는 외부 사물의 객관적 형상이라 할 수 있어요. 우리는 외부 사물을 본 뒤에야 비로소 머릿속에서 관념을 형성할 수 있죠. 그러니 하나의 관념은 하나의 사물에 대한 것이자, 하나의 사물에 대해 형성된 견해라고 할 수 있죠."

다른 학생이 일어나 당당하게 자기 생각을 발표했다. 하지만 교수의 표정을 보니 학생의 대답이 별로 마음에 들지 않는 것 같았다. 결국 다음 학생이 대답하기도 전에 교수가 설명을 시작했다.

"나는 일반적으로 관념은 모든 사유 되는 것으로 오성사물에 대하여 논리적으로 이해하고 판단하는 능력에서 그것들은 객관 존재일 뿐이네. 그렇다면 '사유 되는 것'은 무엇일까? 바로 사유의 대상이자 지식의 대상이지. 그래서 '사유 되는 것'인 관념이 단순한 개념이 아닌 동시에 하나의 명제일 수 있다네."

사람들이 어려워하자 교수가 잠시 고민하다가 설명했다.

"이것은 어떻게 해야 이해될 수 있을까? 태양, 달, 원형, 삼각형과 같은 것들은 개념이지. 하지만 '삼각형의 세 각은 합은 두 직각의 합과 같다'라는 건 명제이네. 그래서 관념은 오성의 사유 행위를 가리킬 때도 있고 사고의 대상을 가리킬 때도 있네.

그렇다면 관념은 어떻게 해서 생겨나는 걸까? 나는 일부는 타고 난 것이고, 일부는 밖에서 얻어진 것이며, 일부는 자신에 의해서 창조된 것이라 생각하네. 외부에서 온 관념은 우리가 일반적으로 가지고 있는 태양과 같은 관념이지. 만들어진 관념은 천문학자가 추리를 통해 태양에 대한 관념을 형성하는 것과 같은 것이고, 타고난 관념은 신이나 일반적으로 말하는 영혼, 물체, 삼각형이나 진실, 변치 않음, 영원함과 같은 본질적인 관념이라 할 수 있지.

아까 학생이 관념은 우리 머릿속에 대략 남은 객관적 사물이 형상이라고 말했지. 아주 정확한 말이라고 생각하네만 학생은 관념 형성의 다른 방면을 소홀히 했어. 바로 선천적으로 주어지는 관념인 '타고난 관념'이지."

"감각기관의 기능은 단지 기회를 제공할 뿐이지만 이런 기회로 우리의 마음속에는 자연스럽게 기회에 상응하는 관념을 생길 수 있네. 물론 나는 이런 기회가 신의 계획에 따른 것이라 생각하네. 예를 들어 '완벽함'과 같은 관념의 형성은 타고난 것이라 할 수 있지.

그렇다면 우리는 '선천적' 또는 '타고났다'란 걸 어떻게 이해할 수 있을까? 이 점은 신의 관념을 예로 들어 설명해 보도록 하지.

나는 반드시 신을 생각하려는 건 아니지만 가장 높은 존재를 생각하려 했을 때 마음속에서 자연스럽게 신의 관념이 떠오르고 모든 완벽함은 그에게 귀속되게 되네. 이건 신의 관념이 내 마음속에 이미 존재하기 때문이야. 그래서 우리는 이 관념을 필요할 때 사용하고, 사용하지 않을 때는 마음속에 간직할 수 있네.

신의 관념은 이미 사람들의 마음속에 각인되어 있어. 그래서 사람들은 모두 신을 인식하는 능력을 가지고 있지. 하지만 모든 사람이 이런 관념을 자신의 앞에 드러낼 수 있는 건 아니네. 신의 관념은 비록 이미 이루어진 관념이지만 이것이 모든 사람이 이 관념을 인식할 수 있다는 의미는 아니니까.

모든 사람의 마음속에는 최소한 신을 은근히 내포하는 관념이 있고, 그것을 명백하게 인식할 능력이 있다는 걸 나는 전혀 의심하지 않네. 하지만 만약 그들이 자신이 가지고 있는 관념을 느끼지 못하거나 자신이 그런 관념을 가지고 있다는 걸 알지 못하거나 나의 저서 《성찰》을 읽고도 그것을 이해하지 못한다고 해도 나는 놀라지 않네. 왜냐하면 관념을 형성하는 능력은 사람마다 모두 다르니까."

속사포처럼 빠르게 진행되는 수업을 들으면서도 민경은 이전처럼 '뒤떨어지고 있다'라는 생각은 들지 않았다. 오히려 교수가 말하는 '선천적인 관념'을 소화해 이 문제와 관련된 새로운 견해를 제시할 수 있을 것 같았다. 수업은 끝났지만 민경은 깊이 생각에 빠졌다.

'교수님의 말대로 몇몇 관념들은 선천적으로 갖게 된 것이라면 우리가 태어날 때부터 그린 관념들을 가지고 있었다는 말이잖아. 어렸을 때는 발견하지 못하다가 자라면서 지식이 쌓임에 따라 마음속에 원래 가지고 있던 관념들을 발견하게 된다는 거지. 하지만 신생아들이 관념을 가지고 있을 수 있을까?'

민경은 계속해서 교수의 '타고난 관념'의 이론을 되새겨 생각했다. 비록 이 이론에는 고민해 볼 필요가 있는 문제가 많았지만 동시에 민경은 인정할 만한 부분도 있다는 걸 발견했다. 과학연구를 통해서 사람의 인식은 선천적이지 않다는 게 밝혀졌지만, 우리가 인식하는 과정에서 선천적으로 물려받은 유전자나 심리적 요소들이 중요한 역할을 하는 건 사실이다.

우리는 새로운 지식을 받아들일 때 가지고 있던 지식을 바탕으로 이해하는 경우가 많다. 이런 측면에서 과거의 지식과 인식을 선천적인 지식으로 볼 수도 있었다. 과학기술이 계속 발전함에 따라 인류의 신경계통도 더욱 깊은 연구가 진행될 것이고, 그렇다면 머지않은 미래에 우리는 자신의 '관념'을 발견할 수 있을지도 몰랐다.

03

나는 정말
이 세상에 존재하는 걸까?

"나는 의심하길 좋아하는 사람이지만 나의 의심은 여러분이 생각하는 의심과 다르네. 내가 의심하는 목적은 부인하기 위해서도 아니고 과거의 진리를 뒤집어 새로운 학설로 대체하고 싶어서도 아니네. 나는 단지 의심을 통해서 진리를 알거나 의심할 수 없는 걸 알고 싶은 걸세.

나는 항상 보편적인 의심 방법을 사용해 눈앞에 세계를 대면해 왔고, 세계의 존재를 의심해 왔어. 우리가 살아가는 세상은 정말 꿈이 아닌 걸까? 깨어났을 때 세계가 꿈속에서 보았던 세계와 다르면 어떡할까? 지금 우리는 과연 꿈을 꾸고 있는 걸까 깨어 있는 걸까?

나는 우리의 신체의 존재도 의심하네. 꿈속에서 나는 더 매력적이고, 현실 같아 보이는 신체를 볼 수 있네. 꿈속에서도 마찬가지로 몸이 움직이는 걸 느낄 수 있지. 나는 고개를 흔들 수도 있고, 뛸 수도 있는데 이런 움직임이 진실이 아닐 수 있을까? 이러한 것들이 거짓이라면 우리는 진실이라고 할 수 있을까?

나는 신의 존재도 의심했지. 내가 말하는 보편적 의심은 모든 것에 대해 의심하므로 내가 의심하지 않는 건 없거든.

하지만 계속해서 모든 걸 의심해가던 나는 의심할 수 없는 한 가지가 있다는 걸 발견했어. 바로 내가 의심하고 있다는 사실이네, 모든 걸 다 의심할 수 있어도 의심하고 있는 행동은 의심할 수는 없었지. 이렇게 내가 의심하고 있다는 건 곧 내가 존재한다는 것이고, 만약 존재하지 않았다면 나는 의심할 수 없었겠지.”

“나는 모든 걸 의심하지만 내가 어떻게 의심하는지와 상관없이 의심하는 행동은 이미 내가 존재한다는 가정이네. 그렇지 않다면 나는 의심하는 행동을 할 수 없었겠지. 그래서 나는 이 발견을 통해 '나는 생각한다. 고로 나는 존재한다'라는 말을 남겼다네. '나는 생각한다. 고로 나는 존재한다'라는 이 진리에 주목했기에 어떤 황당한 의심도 무시하지 않을 수 있었지. 이것도 내가 조금의 의심도 없이 이 진리를 받아들일 수 있게 했고, 그것으로 나는 철학의 제1 규칙을 찾을 수 있었다네."

　수업이 시작한 순간부터 민경은 계속해서 자신을 소개하지 않고 수업을 진행하고 있는 교수가 누구일지 궁금해하고 있었다. 서양 철학가 중에서 신의 존재를 믿는 사람이 너무 많았기에 첫 시간에는 교수가 누구인지 전혀 추측해낼 수 없었다. 하지만 이번 시간에 '보편적 의심'이라는 말이 나왔을 때, 그리고 유명한 '나는 생각한다. 고로 나는 존재한다'라는 명언이 나왔을 때 민경은 강단에 있는 교수가 누구인지 확실히 알 수 있었다. 민경은 유명한 데카르트를 직접 두 눈으로 보는 게 믿기지 않는지 시선을 떼지 않고 계속 바라봤다.

　"내가 비록 항상 뭐든 걸 의심하는 자세를 유지해 왔지만 '내가 생각하기에 존재한다'는 건 의심할 수가 없었네. 생각하고 있다는 걸 생각하고, 의심하고 있다는 걸 의식하는 나의 존재만큼은 진실이라 긍정할 수밖에 없어.

　그러니 반대로 내 생각이 멈춰 있다면 나는 존재하지 않는 것이네. 하지만 나는 내가 현재 존재하지 않는다고 생각할 수는 없네. 왜냐하면 지금 나는 생각하고 있고, 생각한다는 건 존재한다는 뜻이니까.

　앞에서 이야기한 것들은 '나는 생각한다. 고로 존재한다'에 관한 관점이고, 아래 계속 이야기할 것은 '보편적 의심'에 관한 나의 주장이네."

"우리가 만약 과거에 진실이라 믿었던 모든 견해를 던져 버린다면 의심이 조금이라도 되는 건 믿을 수 없을 거네. 그래서 나는 모든 걸 의심하는 과정을 통해서 지식의 토대를 찾을 수 있다고 주장하는 거야. 앞에서 이야기했듯이 생각은 의심할 수 없으므로 지식을 얻으려면 반드시 이성적인 생각을 거쳐야 하네. 그렇다면 왜 이성인 걸까? 이유는 감각기관이 우리에게 주는 감각은 믿을 수 없기 때문이지.

막대기를 물속에 넣어보면 굽은 것처럼 보이지만, 다시 물 밖으로 꺼내면 곧은 걸 알 수 있네. 마찬가지로 가까이서 보면 네모반듯한 탑도 멀리서 바라보면 원기둥처럼 보이지. 이렇게 현실이 왜곡되어 보이는 이유는 뭘까? 바로 감각기관 때문이야. 그래서 감각기관을 믿을 수 없다는 거네.

이처럼 우리의 감각기관은 믿을 수 없으므로, 감각기관을 통해 얻은 지식은 의심해 볼 필요가 있네. 나는 자연과학에서 제공하는 지식은 믿을 수 없는 이유가 거기서 언급하는 게 현실에서 존재하는 사물이라서 그렇다고 생각하네. 우리가 자신의 감각을 믿지 못하는 이상 경험과 관찰을 통해 구축한 자연과학의 지식이 타당할 수는 없는 거지.

이성은 우리에게 의심하지 않아도 되는 건 아무것도 없으며, 심지어 신이나 일반적인 수학 원리까지도 모두 의심해야 한다는 걸 알려주네. 또 한편으로는 이성은 우리에게 이 세계에는 의심할 수 없는 것도 존재한다는 걸 알려주네. 여러분은 이 말이 모순처럼 들리겠지만 내가 봤을 때는 아주 정확하네.

그러니 무엇이든 의심할 필요가 있는 건 지식이라 할 수 없네. 우리가 추구해야 할 지식은 확실히 의심할 필요가 없는 것이어야 하네."

04

영혼과 육체의
차이점

"철학을 배우는 과정에서 여러분이 '사람은 어떻게 구성되어 있는 가? 동물과 비교했을 때 사람이 가진 차이점은 무엇일까?'와 같은 문제들을 고민해 봤는지 모르겠군."

데카르트 교수는 사람들에게 질문하면서도 생각할 시간은 주지 않으려는 듯 조금도 쉬지 않고 말을 이어 나갔다.

"사람이 어떻게 구성되어 있는지에 대한 문제를 철학적인 관점에서 출발한다면, 내가 봤을 때 사람은 영혼과 육체로 구성되어 있다고 할 수 있어. 그리고 사람이 동물과 다른 건 영혼을 가지고 있다는 거지.

만약 육체에서만 본다면 사람과 동물은 다를 게 없지. 심지어 어떤 면에서는 인간의 육체가 동물의 육체보다 못한 것 같기도 해. 하지만 영혼에서 본다면 인간과 동물의 차이는 비교적 명확해지네. 사람의 영혼과 육체는 긴밀하게 서로 연결되어 있어서 누군가는 조타수와 배의 관계로 비유해서 영혼과 육체의 관계를 설명하기도 했지. 두 개의 완전히 독립되고, 다른 실체가 긴밀하게 연결되어 하나의 객체를 형성하고 있는 거니까. 그렇다면 이런 과정에는 어떤 원인이 있을 수밖에 없겠지.

내가 봤을 때 영혼과 육체가 서로 하나로 연결된다면 그것들은 필연적으로 어떤 방면에서 서로에게 작용하고 영향을 미칠 수밖에 없네. 그렇다면 영혼과 육체는 어떻게 해서 하나로 연결될 수 있을까? 나는 그것들이 하나로 연결될 수 있는 이유는 사람의 육체에 특수한 기관이 있기 때문이라고 생각하네. 바로 사람의 뇌 속에 있는 송과선이지. 이것이 다리처럼 영혼과 육체 사이를 연결해 주는 거야."

"영혼은 두 가지 서로 다른 활동을 하는데 바로 감각과 욕망이네. 감각은 일종의 본능이라 말할 수 있지만, 사물의 본질은 아니지. 그것은 우리가 외부 사물에 즉각적이고 과감한 조처를 할 수 있게 해주네. 예를 들어서 손으로 물체와 접촉할 때 차가움, 뜨거움, 고통과 같은 느껴지는 감각에 따라서 우리는 곧바로 상응하는 조치를 할 수 있네.

생리적 관점에서 영혼의 감각은 외부에서 온 자극이 육체를 통해 직접 또는 간접적으로 말초신경을 자극하고, 또 말초신경에 모여 있는 신경관을 통해서 그것이 송과선의 중추부까지 도달하는 것이네. 중추신경의 자극이 중추부에 이르면 신경을 자극해 중추부의 송과선이 진동하게 되지. 중추부의 영혼이 이로써 감각을 가지게 되는 거야. 송과선이 한 번 움직일 때마다 영혼도 감각을 가지게 되는 셈이네.

특히 욕망은 바람이나 감정을 포함하는 것으로 정신에 의해서 영혼에 일으키는 감각이네. 이러한 욕망은 육체의 기계적인 능력이며 놀람, 호기심, 사랑, 미움, 즐거움, 기쁨, 걱정 등을 포함하네.

그래서 나는 사람의 영혼은 어디에 있든 상관없이, 설사 바다 밑에 있어도 생각을 멈추지 않는다고 확신하네. 내가 이런 확신을 하는 이유는 내가 이미 영혼의 본성 또는 본질이 생각이라는 것을 증명해냈기 때문이지. 이건 물질적인 본질이 연장인 것과 같네. 그 본질을 가지지 않은 사물이 존재하지 않듯이 누군가가 자신이 생각하고 있다는 걸 기억하지 않는다고 해서 그의 영혼이 생각하고 있다는 걸 부인할 수는 없어."

"하지만 이 말이 아이의 정신이 배 속에 있을 때부터 이미 형이상학적인 심오한 생각을 할 수 있다는 뜻은 아니네. 막 세상에 나온 아이의 육체와 연결된 영혼은 고통, 추움과 더움과 같은 모호한 감각과 복잡한 관념만 있네. 그래서 아이는 자신의 안에 있는 신, 자아 및 자명한 진리에 대한 관념을 성인이 될 때까지 알지 못하지. 하지만 그렇다고 해서 타고난 관념이 성장하면서 얻어지는 것은 아니네. 사람의 영혼이 육체를 떠나게 된다면 사람은 즉시 그것들이 자신에게 있었다는 걸 발견하게 될 거야.

내가 영혼이 항상 생각한다는 걸 믿는 것은 비록 사람들이 주의를 기울이지 않더라도 빛이 항상 밝게 비출 거란 걸 믿는 것과 같고 사람들이 불을 쬐지 않더라도 불은 항상 따뜻하게 온기를 전해 줄 거라는 걸 믿는 것과 같고, 동시에 내가 물체 또는 연장되는 실체가 부피를 가지고 있다는 걸 믿는 것과 같네. 그러니 영혼이 생각을 멈춘다는 것은 존재를 멈췄다는 말과 같지.

영혼은 끊임없이 생각할 뿐만 아니라 분할될 수도 없네. 영혼과 육체의 차이점은 육체의 본성적으로 분할될 수 있고, 영혼은 절대로 분할될 수 없다는 거네. 비록 '나'와 육체는 서로 연결되어 있지만, 육체 중 팔이나 다리가 하나 절단되어도 마음은 손상을 입지 않지. 이 점이 바로 영혼과 육체가 완전히 같지 않다는 걸 증명하는 거네.

사람의 육체는 서로 다른 부분이 합쳐져서 이뤄진 것으로 분해될 수 있고 다칠 수도 있지만, 영혼은 형태가 없기 때문에 분할될 수도 없고 부서지거나 사라질 수도 없네.

　사람의 영혼과 육체는 서로 연결되어 존재하지만, 육체와 영혼은 완전히 달라. 육체는 세월이 흘러감에 따라 늙고 사망하지만, 영혼은 그렇지 않거든."

CHAPTER

10

루소
'사회계약론'

인간은 자유롭게 태어났지만, 사슬에 얽매여 있다.
자연으로 돌아가라

반계몽주의 / 자기사랑과 편애 / 일반의지
18세기 프랑스의 철학자, 사회학자, 미학자. 물질과 정신은 함께
영원히 존재하는 원리라고 보고 영혼은 불멸하다고 여겼다.
봉건적 지배체제를 부르주아 민주주의를 지지, 시민의 자유를 강조했다.
당시 사회를 비판하며 올바른 사회 모습을 제시하는《사회계약론》,
바람직한 교육 방법을 담은《에밀》과《참회록》,《신 엘로이즈》등의
저서를 남겼다.

01

자연적 자유와
사회적 자유

'재미있는 철학' 수업이 어느덧 중반을 넘어가고 있었다. 민경은 수업이 진행될수록 다음에는 어떤 사람이 나와 강의를 할지 기대가 되었다. 매주 교수들의 수업 내용에는 이해하기 힘든 부분도 있었지만, 교수들의 다양한 관점을 들을 수 있어 유익했다.

새로운 주가 시작되자 민경이 일찌감치 강의실에 들어와 자리를 잡았다. 강단에 선 교수는 풍기는 분위기가 독특한 것 같았다.

"내가 봤을 때 우리는 모두 일정한 사회형태에서 살아가고 있고, 이러한 사회형태는 모두 일정한 사회질서를 가지고 있지. 그리고 이러한 사회질서는 자연에서 온 것이 아니라 우리 인류가 스스로 만들어 낸 것이네. 나는 이 점이 아주 필요하다고 생각하네.

이러한 결합과 질서는 어떻게 구축되는 것일까? 여기에는 필연적인 합의가 필요하겠지. 약속을 통해 사회형태에서 양측이 결합할 수 있는 거야. 그래서 나는 이걸 사회계약이라 부르네."

사회계약이라는 말을 듣는 순간 민경은 자신의 앞에 서 있는 교수가 누구인지 알아챘다. 비록 이전에 루소 교수의 사회계약론을 다룬 책을 읽어 본 적은 있었지만, 그녀는 그 내용을 완전히 알지는 못했다. 그래서 루소 교수가 사회계약론에 대해서 찬찬히 설명하자 한마디도 놓치지 않기 위해 귀를 기울였다.

"이전 철학가들은 사람과 사람 사이에서 존재하는 노역과 통치의 관계는 자연적으로 형성된 것이라 보았지. 하지만 나는 이게 원인과 결과를 혼동해서 생긴 착각이라고 생각하네. 예를 들어 태어났을 때부터 노예인 사람이 있다면 그건 인위적인 노예제도가 존재한다는 뜻이지 않은가. 결코, 자연적으로 형성된 관계는 아닌 거지.

힘으로는 사회질서를 오랫동안 유지될 수 없네. 왜냐하면 아무리 강력한 힘을 가진 사람이라도 자신의 힘을 권리로, 복종 의무로 만들지 않는 이상 그 힘을 영원히 유지할 수는 없기 때문이지."

루소 교수의 입에서 권리와 의무가 나오자 민경은 순간 현대사회의 통치제도가 떠올랐다. 권리와 의무는 현대 통치제도에서 가장 중요한 부분을 차지한다고 할 수 있지만 루소 교수가 말한 권리와 의무가 현대 통치제도에서의 권리와 의무를 말하는 건지는 알 수가 없었다.

"물론 힘은 진정한 권리가 될 수 없네. 왜냐하면 그렇게 만들어진 권리는 힘이 위력을 잃어버릴 때 같이 소실되어 버리거든. 기존의 힘이 다른 새로운 힘에게 제압될 때 기존의 힘이 가지고 있던 권리도 새로운 힘에게 넘어가 버리지.

만약 힘을 사용해 억지로 복종하게 한다면 사람들은 의무감을 가지고 복종하지 않게 되고, 복종을 강요받지 않는 순간 복종하지 않게 되네. 자신을 보호하기 위해 억지로 복종했던 사람들은 두려워하던 힘이 사라져 복종을 강요받지 않는 순간 복종할 필요가 없게 되는 거네. 자연 상태에서 인류는 각자 생존을 책임질 수밖에 없었네. 하지만 생각해 보게. 아무에게도 의지하지 않고 나 혼자서 숲속에서 살아가는 삶이 어떨 것 같나? 사나운 맹수들의 위협에서 자신을 지켜낼 수 있을 것 같나? 그러니 자연 상태의 인류는 새로운 생존 방식을 찾을 필요가 있었네. 그 새로운 생존 방식은 힘을 모아서 서로를 보호하는 방식이었지. 이와 같은 연합을 통해 사람들은 공동의 힘으로 구성원들의 건강과 재산을 보호할 수 있었어. 하지만 이런 연합 형식에서도 사람들은 각자 자신에게만 복종했기 때문에 여전히 이전과 같은 자유를 가지고 있었지.

이러한 공동체를 견고하게 만드는 가장 좋은 방법은 합의하는 것이네. 이 합의를 통해 사람들이 자신들이 가지고 있는 모든 힘을 공동의 것으로 만들고 '주권자'의 지도하에 두는 것이지. 여기서 '주권자'란 뭘 말하는 것이겠는가?"

루소 교수가 학생들을 향해 질문하는가 싶더니 대답을 기다리지도 않고 다시 강의를 이어갔다.

"나는 '주권자'가 가장 많은 사회 구성원을 가진 도덕인 공동체라고 생각하네. 그리고 이 공동체에서의 합의는 모든 구성원에게 평등하게 이뤄져야 하고, 이렇게 통일됨으로써 통일성과 공동의 자아, 생명, 의지를 얻게 되지.

이러한 공동체가 여러분들에게도 낯설지 않을 거야. 나는 이것은 '국가 또는 정치 집단'이라고 부르고, 이 공동체에서 구성원들을 집합적으로 국민이라 부르고, 주권의 권위를 참여하는 사람으로서 시민, 국가의 법에 복종하는 사람이라는 의미에서 신민이라 부르네.

사실 나는 여기서 서로 간에 '합의'라는 말보다는 '계약'이란 말을 사용하는 걸 더 좋아한다네. 이러한 계약을 통해서 인류는 비로소 맹목적인 자유와 본능 상태에서 벗어나 질서 있는 사회 상태, 또는 도덕과 공리 상태로 들어가는 거지."

막힘없이 수업을 이어가던 루소 교수가 갑자기 말을 멈췄다. 교실

한쪽 구석에서 어느 여학생이 손을 들고 질문을 하려 했기 때문이다. 루소 교수가 고개를 끄덕이자 여학생이 일어나 말했다.

"이런 사회계약이 사람이 자연적으로 가지고 있는 자유 본성을 잃게 하고, 사회에 구속되게 하는 거 아닌가요? 사회계약을 맺는다는 건 사람이 자유를 잃게 된다는 의미잖아요?"

루소 교수는 학생의 질문이 마음에 드는지 만족스러운 미소를 지으며 입을 열었다.

"지금 질문은 우리가 생각해 볼 필요가 있는 문제이군. 그리고 동시에 내가 다음에 말할 주제이기도 하지. 물론 인간은 사회계약으로 원래의 자유와 원하면 언제든지 가질 수 있었던 것들에 대한 권리를 잃게 되었다네.

하지만 이런 것들을 잃음으로써 인류가 얻은 건 없을까? 이러한 것들을 잃음으로써 인류는 사회적 자유와 자신이 가진 모든 것들에 대한 소유권을 얻을 수 있었다네.

사회계약에서 사람은 모두 자연적 자유를 포기하고 계약적 자유를 얻게 되네. 정치에 참여하는 과정에서 모든 사람은 자연적 자유를 포기하고 전체 집단에 넘겨주어야 인류는 비로소 평등한 계약적 자유를 얻을 수 있는 거지."

02

우리 모두
국가의 주인

"계속해서 사회계약에 관해 생각해 보도록 하지. 먼저 여러분은 '전체 의견'과 '만인 의견'의 차이점이 뭐라고 생각하나?"

"제가 봤을 때 '전체 의견'은 사회 시민 집단의 의견과 생각을 말하고, '만인 의견'은 좀 더 넓은 범위인 대중의 의견과 생각을 말한다고 생각합니다."

맨 앞줄에 앉아 있던 남학생이 말했다.

"'만인 의견' 같은 경우는 사회에서 일부 특수한 집단의 의견이나 생각을 말하는 게 아닐까요?"

그러자 다른 학생이 일어나서는 '전체 의견'에 대한 앞에 학생의 의견에 동의하는지 '만인 의견'에 대한 생각만 말하고 자리에 앉았다.

민경은 '전체 의견'에 관해서는 방금 두 학생의 의견에 일리가 있다고 생각했지만, '만인 의견'에 대해서는 그렇지 않았다. 다만 '만인 의견'에 대해서 정확한 생각을 가지고 있지 않았기에 뭐라 말하지는 못했다.

"'전체 의견'에 대해서는 비교적 정확한 개념을 가지고 있지만 '만인 의견'에 대해서는 표면적인 생각에 머물러 있을 뿐만 아니라 정확한 범위도 가지고 있지 않구나. '전체 의견'은 국민의 의지의 표현인 동시에 국가 전체 구성원의 공통의지라 할 수 있지. 그래서 이건 영원한 진리와 같은 절대 개념이라 할 수 있네.

많은 사람들이 '전체 의견'과 '만인 의견'의 개념을 헷갈리는데 본질에서 두 개념에는 분명한 차이가 있네. '전체 의견'은 공동의 이익을 중심에 두는 반면 '만인 의견'은 개인의 이익에 중점을 두지. 그래서 '만인 의견'은 겉으로 보기에는 전체의 의견인 것 같지만 실질적으로는 개별적 의지의 총화일 뿐일세.

'전체 의견'은 정확한 동시에 공공의 이익을 기준으로 하기 때문에 사회계약에 존재하는 문제를 해결할 수 있네. 그렇다면 사회계약을 통해 형성한 국가는 누가 관리하고 책임져야 할까? 답은 모두가 관리하고 책임지는 것이네. 설사 주권자라 할지라도 그 행위는 국민의 의지의 표현일 뿐이거든."

"바로 이 점에 근거해 나는 국가의 주권은 시민에게 있으며, 동시에 국가는 시민이 가진 '전체 의견'을 받아들여야 한다고 생각하네. 그래서 '국가'는 민중의 집합체이자 공동의 인격이라 말할 수 있지. 민주적인 국가는 사회계약의 규정에 따라 형성되고, 사회계약을 체결한 사람들은 모두 전체 의견으로 결정되는 내용을 평등하게 따라야만 하네.

여기서 시민주권은 '전체 의견'을 행사하는 수단이므로 절대 양도할 수 없고, 분할될 수도 없네. 그러니 절대적이고 더할 나위 없이 중요하며, 침범할 수 없을 만큼 신성한 동시에 대체될 수 없네.

주권은 양도할 수 없고, 국가는 주권자에 의해 구성되므로 주권자만 주권을 행사할 수 있어. 이러한 주권이 분할될 수 없는 이유는 공공의 이익을 위한 '전체 의견'이 전체적이기 때문이네. 그러니 '전체 의견'을 행사하는 주권도 분할될 수가 없지.

내가 봤을 때 인류는 자연 상태에서부터 시작해 발전해 왔네. 그리고 자연 상태에서는 사유제나 불평등이 존재하지 않았지. 사유제가 출현함으로써 비로소 사람과 사람 사이에 불평등이 생겨난 거네.

국가는 사회계약을 체결함으로써 생겨나므로 계약에 참여한 시민은 모두 국가의 주체가 되는 걸세. 종합해서 설명해 보자면 국가의 주권은 분할될 수 없고 양도될 수 없으며 모든 주권의 표현과 운용은 '전체 의견'을 통해 구체적으로 드러나는 셈이야. 그러니 시민의 주권으로 행사되는 '전체 의견'은 개인이나 집단을 대표할 수 없지.

바꿔 말하자면 여기 앉아 있는 사람들 모두 자신의 나라의 주인이라 할 수 있어. 여러분도 자신의 의견을 이야기할 자격이 있고, 자신의 권리를 행사할 자격이 있다네."

이 말을 듣는 순간 민경은 정치학 수업에서 배웠던 시민의 주권원칙이 루소 교수의 이론과 비슷하다는 생각이 들었다.

03

평등은
어떤 상황에서 사라질까?

"사람은 태어나면서부터 평등하다고 하지만, 세상을 살아가다 보면 여러 불평등한 상황을 맞이하게 되지. 여러분은 불평등은 어떻게 생겨난 것인지 생각해 본 적 있나? 이번에는 이 문제에 대해서 다뤄 볼 생각이네."

사람 사이에 존재하는 불평등은 어떻게 생겨난 것일까? 이 문제를 고민하기 전에 민경은 먼저 자신의 생활 속에 있는 불평등한 상황을 떠올려 보았다. 같은 노력을 했는데도 돈이 있는 사람은 잘살고, 돈이 없는 사람은 고생한다. 누군가는 몇 마디 말로 큰돈을 벌어들이고, 누군가는 밤낮없이 일해야만 겨우 생계를 유지할 수 있다.

민경에게 불평등은 이런 종류의 것들이었다.

"사람 사이에 존재하는 불평등의 근원을 알기 위해서는 먼저 인류의 근원을 탐색할 필요가 있네. 물론 인류의 근원을 밝히기 위해 고고학자처럼 전문적으로 연구할 필요는 없지. 먼저 인류의 자연 상태부터 탐구해 보도록 하지.

인류는 자연에서부터 기원했으므로 인류의 자연 상태를 연구할 필요가 있지만, 연구 자료가 부족하므로 '가장 진실에 근접한 추측'으로 인류의 자연 상태 및 이러한 상태에서 인류가 평등한 상황이었는지를 논술하도록 하지."

"가장 원시 상태에서 인류의 생활 구조는 가장 완벽했다고 말할 수 있네. 인류는 강인한 체력에 의지해 생존했으며, 동시에 야수의 본능을 참고해서 자신의 생존 상태를 개선해나갔지. 물론 아무리 강인한 체력이라도 늙어서 노쇠해지거나 죽음의 위협을 피할 수는 없었지만 자연 상태에서 인류의 질병은 사회 상태에서보다 훨씬 적었네.

그리고 정신 상태에서 인류는 순수한 정신 활동은 없었지만, 사유 능력 방면에서는 야수들보다 높았다네. 그리고 이러한 차이점에서 봤을 때 나는 인간이 주체적 능동성을 가지고 있다고 보네. 그리고 인간과 동물을 구분 짓는 핵심은 인류가 스스로 자신을 완성하는 능력이 있다는 데 있지.

　나는 이 능력이 인류의 모든 불행의 근원이라 보네. 이 능력으로 인류는 점차 자연의 원시 상태에서 벗어나 사회 상태로 들어서기 시작했지. 자연 상태에서 인류의 사회성은 아주 미미했어. 원시적인 자연 상태에서 인류는 손짓이나 고함으로 의사소통을 하지만 사회에 갖추어짐에 따라 의사소통의 범위가 넓어지고 전문화되면서 언어가 형성되기 시작했지.

　도덕에 대한 개념도 자연 상태에서는 존재하지 않았지. 이 당시 인류는 도덕이나 의무에 대한 개념도 없었고, 아름다움과 추함, 선함과 악함에 대한 개념도 없었다네. 만약 굳이 최초의 자연 상태에서 도덕의 영향을 찾는다고 한다면 연민이 유일하다고 할 수 있네.

　그래서 자연이 인류 불평등에 미친 영향은 별로 크지 않네. 자연 상태는 인류가 정말로 행복했던 시기이며, 인류의 청춘 시기라고 할 수 있지. 그리고 인류가 사회 상태로 들어갈 때 겉으로는 진보한 것 같지만 사실은 점차 타락과 괴멸의 상태로 들어가고 있는 거네.

　자연 상태에서 우리는 인류 불평등의 근원을 찾을 수 없었으니 인류의 사회 상태에서 답을 찾아야겠지.

　앞서 언급했듯이 인류가 가진 스스로 완전해질 능력이 인류가 자연 상태에서 나와 사회 상태로 들어갈 수 있게 해 주었지. 나는 이 능력 때문에 인류가 불행에 빠져들었다고 생각하네. 왜냐하면 사람마다 자아를 완성하는 능력이 다르기 때문에 서로 간의 차이가 갈수록 두드러졌을 것이네. 약한 세력이 강한 세력의 도움이 필요해졌을 때가 바로 인류 불평등의 첫걸음이자 타락의 첫걸음이었던 셈이지."

"사회 분업의 출현은 교역이 생활에 중요한 부분이 되게 했네. 교역이 확대됨에 따라 사유제가 점차 사회에 승인을 받기 시작했고, 이것은 또 최초의 공정한 규칙을 만들어 내었고, 자연법과는 다른 권력의 소유권을 만들어 내었지.

그래서 이익에 쫓기면서 인류는 거짓되고 악해졌으며 재산을 위해서 서로 경쟁하게 되었네. 이익은 인류가 추구하는 중요한 목표가 되었고, 사유재산은 사람과 사람 사이의 불평등을 키우게 되었지. 부자는 더 많은 재산을 가지기 위해서 가난한 사람을 착취하고 자신의 사유재산을 지키기 위해 자신에게 유리한 법률을 제정하기 시작했네.

재산뿐만 아니라 사회 지위에서도 인류 사이의 불평등은 출현했네. 최초의 불완전한 정치조직에서 소수의 사람이 공공의 권리를 장악하고 불평등을 형성했지. 그리고 여기서 재산은 여전히 종속적인 지위를 유지하는 중요한 연결고리가 되었다네."

"정부의 건립은 시민과 지도자 사이의 협의이고, 이 협의에서 사람들의 의지는 하나의 통일된 의지가 되었네. 정부의 관리는 시민의 의지에 따라 자신의 권력을 행사하고, 이로써 모든 사람의 안전과 평등이 보장받고 공공의 이익이 개인의 이익보다 우선시 될 수 있네.

하지만 야심을 가진 권력자들은 각종 방법을 사용해 자신의 직위를 세습하려 하는 동시에 시민이 종속시켜 시민의 노역으로 자신의 삶의 안전을 유지하려 하지. 이 때문에 바로 전제권력이 생겨났고, 인류의 불평등이 최고조에 다다랐네.

자연 상태에서는 인류에게 명확한 불평등이 존재하지 않았지만, 인류의 사회성이 계속 깊어지면서 이런 불평등성의 정도도 증가했다네. 불평등이 초래된 진정한 원인은 자연 상태의 인간은 자신의 생존만을 신경 썼던 것과 다르게 사회 상태에서 인간은 다른 사람의 의견에 따라 생활하고, 다른 사람의 평가로 자신의 존재를 의식하게 되기 때문이네.

여러분도 현대사회에서 생활하고 있지만, 자연의 본성을 유지하며 사회의 풍습에 오염되지 않기를 바라네."

CHAPTER

11

쇼펜하우어
'비관주의'

인간은 자기 시야의 한계를 세계의 한계로 믿는다.

비관주의 / 인식론 / 허무주의
19세기 독일의 철학자. 칸트에게 영향을 받았지만
헤겔을 비롯한 관념주의자들의 낙관적 철학을 부정했다.
인간을 욕구에 의해 갈망을 해소하려고 애쓰며, 끊임없이 실망하고
좌절하게 되는 존재라고 보았다.
예술을 통한 망각, 욕구를 없애는 경지에 이르지 않으면
고통을 벗어날 수 없다는 허무주의를 주창했다.
《의지와 표상으로서의 세계》, 《윤리학의 두 가지의 근본문제》,
《여록과 보유》 등의 저서가 있다.

01

행복은
한낱 꿈에 불과하다

"수업을 시작하기 전에 여러분에게 먼저 질문을 하도록 하지. 여러분은 이 세상에 고통이 더 많다고 생각하나? 아니면 즐거움이 더 많다고 생각하나?"

교수가 난데없이 정답이 없는 질문을 던지자 모두 어리둥절한 표정을 짓더니 저마다 의견을 내놓기 시작했다.

은지: "당연히 즐거움이 더 많죠."

원석: "난 고통이 더 많은 것 같은데. 즐거움은 항상 고통을 동반하잖아."

재성: "고통과 즐거움이 똑같이 많은 거 아닐까요? 즐거움의 다른

면이 고통이잖아요."

사람들이 하나둘 자기 생각을 이야기했다. 답변 중에는 교수에게 정확하다고 인정을 받은 것도 있었지만 답변을 한 학생도 왜 정확한 답변인지 알지 못했다.

"나는 이 세상에 즐거움보다는 고통이 더 많다고 생각하네. 사실 여러분이 느끼는 즐거움은 달콤한 꿈에 지나지 않아. 꿈을 깨고 나면 자신이 여전히 수많은 고통 속에 있다는 걸 알게 되지."

고통을 경험하고 있는 것인지 아니면 사람들에게 고통이 무엇인지 이해시키려는 것인지 이 말을 하는 교수의 표정은 고통으로 얼룩져 있었다.

그 모습을 보던 민경은 이번에 온 교수는 상당히 독특한 사람이라고 생각했다. 교수는 헤어스타일도 독특했을 뿐만 아니라 비관적인 분위기를 풍겼다. 곰곰이 생각해 보면 기나긴 철학 역사 중에서 이런 특징과 부합하는 인물은 쇼펜하우어가 유일했다. 만약 강단 위에 있는 교수가 쇼펜하우어라면 그가 고통에 대해 말하는 것도 일리가 있었다.

"나는 왜 세상은 고통이라고 말할까? 사람들은 내가 순탄치 못한 삶을 살아서 세상을 삐뚤게 본다고 생각하지. 뭐, 부인하지는 않겠네. 개인적 경험이 내 철학을 발전시키는 데 영향을 주는 건 사실이니까. 하지만 나의 철학은 개인적인 경험보다는 세상을 탐구하고 연구한 끝에 이루어진 것이네.

내가 의심이 많다고 생각하는 사람이 많지. 이것도 의심하고 저것도 의심하다가 결국에는 세상 전체를 의심하더니 '세상은 고통'이라는 결론에 다다랐다고 말이야. 다른 사람이 뭐라 말하든 나는 이 세상은 고통이라고 생각하기에 이 세상을 믿지 않았고, 그래서 세상을 의심한 걸세. 물론 이로써 세상은 고통으로 가득 차 있단 생각을 더욱 확신하게 됐지만."

민경은 쇼펜하우어 교수가 계속해서 '세상은 고통'이라는 관점만 되풀이하는 것에 답답함을 느꼈다. 세상이 고통인 이유를 설명하지 않은 채 같은 말만 되풀이한다면 사람들이 쇼펜하우어가 세상에 대한 불만을 털어놓고 있다고 생각하는 것은 당연할 것이었다.

"인생은 '고통'과 '허무'를 오가는 시계추와 같네. 사람은 욕망을 만족하지 못하면 고통을 느끼고, 욕망을 만족하면 할 일이 없어 허무감을 느끼지.

사람의 욕망은 쉽게 만족할 수 없으므로 사람들은 대부분 고통만 느낄 뿐이야. 여러분 중에는 사람이 고통과 허무 말고 행복과 즐거움을 느낀다고 생각하는 사람도 있겠지. 하지만 이건 내가 앞에서 얘기했듯이 한낱 꿈인 표상에 불과하네.

표상과 의지는 동일성을 가지고 있지만 실질적으로 결정하는 역할을 하는 건 표상이 아니라 의지야. 생명의 본질은 표상이 아니라 의지에 있으니까. 물론 내가 지금 말하는 의지는 여러분이 생각하는 의지와는 차이점이 있네.

내가 말하는 의지는 여러분이 생각하는 흔들림 없이 일을 추진해 완성하는 의지가 아니라 누구나 다 가지고 있는 맹목적이고 억제하지 못하는 충동을 말해. 이런 의지는 영원히 만족하지 못하는 욕구라 할 수 있지.

이제 여러분도 내가 앞에서 말한 고통이 무엇인지 이해하기 쉬울 거네. 의지는 인생에서 끝없이 생겨나는 욕구이고 사람들은 이러한 욕구를 항상 만족하려 하지. 하지만 욕구를 만족시키기란 쉽지 않아. 설사 한 가지 욕구를 만족시켰다 하더라도 계속 생겨나는 욕구를 모두 만족시킬 수는 없어. 그러니 결국 불만족하게 되고 고통이 생겨나는 거야. 그러니 의지로 인해서 결핍의 고통이 생겨나는 셈이지."

"이 점에 관해서는 모두 경험해 본 적이 있을 거네. 인생에서 간단한 욕구들은 쉽게 만족할 수 있지만, 이후에는 더 많은 욕구가 생겨나고, 한 가지 욕구를 만족시키면 새로운 욕구가 생겨나지. 그러니 인간이 욕구를 만족해 행복해하는 순간은 짧을 수밖에 없어. 이렇게 짧은 만족으로는 고통에서 벗어날 수 없고, 오히려 더 깊은 고통에 빠지게 되지.

이렇게까지 얘기했는데도 아직도 세상이 고통이 아니라고 생각하나? 여러분의 표정은 마치 내가 부정적인 감정을 전파하려 한다는 것 같군. 하지만 나는 단지 여러분에게 인류 생명의 본질을 알려주려는 것뿐이네. 세상은 고통이고 인생도 고통이라는 내 말이 아무런 의미도 없다고 생각하겠지만 사실 이건 여러분에게 상당한 도움을 줄 수 있는 관점이야.

세상은 고통이고, 인생도 고통이지만 그렇다고 인생에 즐거움이나 행복이 없는 건 아니니까. 그래서 누군가는 행복한 삶은 즐거움이 얼마나 되는지에 따라 결정되는 게 아니라 고통에서 얼마만큼 벗어날 수 있는지에 따라 결정된다고 말했지. 이 세상은 즐거움보다 고통이 많고, 인생에서도 즐거움을 느끼는 순간보다 고통을 느끼는 순간이 더 많지. 그러므로 인생의 행복을 결정짓는 기준은 고통에서 얼마만큼 벗어날 수 있고, 욕망을 얼마만큼 줄일 수 있냐에 달려 있네.

그래서 행복을 결정짓는 기준이 소극적이고, 고통과 싸워서 얻는 행복도 찰나에 불과하다고 불만을 가지는 사람들도 있을 거야. 하지만 행복과 만족감은 원래 고통이 없어졌을 때 잠깐 느낄 수 있을 것이므로 소극적일 수밖에 없네. 그리고 이 점은 한편으로는 고통이 우리가 알고 있는 것보다 인생에 긍정적인 영향을 끼친다는 걸 말해주기도 하네."

02

병을 치료해 주지 못하는
진통제

"인생은 고통이라는 내용을 다루었으니 이제는 고통에서 벗어나는 방법에 대해 배워 보도록 하지. 나는 인생이 고통이라도 사소한 부분에서 우리는 여전히 즐거운 장면을 볼 수 있다고 생각하네."

이전 시간에 고통에 관해 이야기한 쇼펜하우어 교수가 이제 고통을 벗어나는 방법에 관해 이야기하려 하자 민경이 이해할 수 없다는 표정을 지었다. 고통을 벗어날 방법이 있다면 왜 인생은 고통일까?

"나는 인생의 고통에서 벗어나기 위해서는 이념 세계로 들어가야 한다고 생각하네. 그럼, 이념이란 무엇일까? 그것은 의지와 표상 중간에 있는 부분으로, 본질과 현상이 함께 연결되어 있지. 그래서 사람의 인식이 의지의 속박에서 해방될 때, 구체적으로 말하면 예술 감상을 말하네.

예술 감상을 할 때 우리는 의지의 속박에서 벗어나 순수한 주체가 되어 욕구에서 벗어나 눈앞에 있는 예술 작품에 집중할 수 있네. 한마디로 우리는 예술 작품을 감상할 때 감상하는 작품을 외부와 완전히 동떨어진 순수한 작품으로 바라보게 되는 것이지.

이렇게 우리가 머릿속에 있는 잡념을 모두 떨쳐 버린 채 순수하게 관조적인 태도를 보일 때 우리는 세상과 자신을 잃어버리는 경지에 이르게 되네. 한마디로 말해서 자신을 잃어버리는 동시에 자신의 속박에서 벗어나는 것이자, 자신의 욕망을 망각함으로써 자신과 욕망의 관계를 망각하게 되는 것이지.

지금까지 말한 내용과 앞에 시간에 수업한 내용을 연계해 본다면 고통에서 벗어나는 방법이 무엇인지 알 수 있겠지. 하지만 솔직하게 말하자면 이건 일시적인 방법일 뿐이야. 예술 감상을 통해서 자신의 욕구를 잊고, 고통에서 벗어날 수 있다고 해서 영원히 예술 감상만 하면서 살 수는 없지 않은가? 그러니 결국에는 원래 상태로 돌아와야만 하는 거지."

"예를 들어서 영화에서는 주인공이 천신만고 끝에 성공을 거머쥐는 것처럼 보이지. 하지만 현실은 어떤가? 나의 삶 속에서 내가 주인공이 아닐 때도 많지 않은가? 더구나 영화 속 주인공이 겪었던 고난보다 훨씬 작은 고난도 극복하지 못하지 않은가? 우리가 정말 영화 속 주인공이 된다면 영화를 흥미진진하게 감상할 수는 없을 거야. 반대로 힘겨운 고난에 한숨 쉬며 불행이 빨리 지나가기를 바랄거네.

물론 영화 속 주인공은 고난도 쉽게 극복할 뿐만 아니라 그에 상응하는 대가도 받을 수 있으니 좋은 것 아니냐고 생각하는 사람도 있겠지. 설령 그렇다고 하더라도 영화가 끝난 뒤에는 어떠할까? 다시 현실 세계로 돌아가서 자신의 이야기를 계속 전개해나갈 때 우리는 주인공이지만 영화 속 주인공처럼 빛나지는 않지. 이때는 다시 고통스러운 인생 속으로 돌아가는 게 아닌가?

그래서 감상은 비록 고통에서 벗어나게 해 주지만 효과는 잠시뿐이지. 그렇다면, 영원히 고통에서 벗어날 방법은 없는 걸까? 나는 있다고 생각한다네. 다만 이걸 이야기하기 위해서는 먼저 앞에 내용을 이해해야만 하지."

수업이 끝나고 쉬는 시간이 시작되었지만 민경은 쉽게 자리에서 일어날 수가 없었다. 쇼펜하우어 교수의 수업 내용을 전부 이해하지 못했기 때문이다. 그나마 영화를 예를 들어 줘서 그나마 예술 감상을 통해 고통에서 벗어날 수 있다는 내용은 이해가 되었다.

그녀가 보기에 인생의 고통이 병이라면 예술 감상은 진통제였다. 진통제는 병을 치료해 주지는 못하지만, 한동안 고통을 잊게 해 주는 효과는 있었다.

하지만 병을 완전히 치료하기 위해서는 진통제에 의존하지 말고 병에 맞는 약을 찾아야 했다. 약을 찾는 과정에서 진통제를 이용해 고통을 줄이는 건 좋지만 오랫동안 진통제만 사용한다면 오히려 부작용을 일으킬 수 있으니 말이다.

03

우리는 왜
비극을 좋아할까?

"인생이 고통이란 건 충분히 설명한 것 같으니 이번 시간에는 주제를 바꿔서 '비극'에 대해서 이야기해 보도록 하지. 나는 예술 장르 중에서 비극을 가장 좋아하네. 왜냐하면 비극은 불행과 고통을 통해서 사람들에게 세상의 본질과 인생의 진리를 보여주거든.

일단은 비극을 세 부분으로 나누어서 함께 이야기해 보도록 하지. 첫 번째는 평범하지 않은 악인으로 인해 초래되는 비극이네. 이런 내용의 비극은 아주 많은데, 생각나는 인물이 있는가?"

은지: "〈베니스의 상인〉에서 고리대금업자로 나오는 샤일록이요."

원석: "〈안티고네〉에서 폭정을 휘두른 크레온도 있죠."

현준: "셰익스피어 작품으로 이아고가 나오는 〈오셀로〉와 어린 조카를 잔인하게 살해한 리처드 3세도 있죠."

민경은 여기저기서 나오는 목소리를 들으며 비극을 좋아하는 사람이 정말 많다고 생각했다. 사실 비극보다 희극을 더 좋아하는 그녀는 〈베니스의 상인〉에서 이익에 눈이 먼 샤일록을 빼면 아는 사람이 없었다.

"비극을 좋아하는 사람이 많은 모양이군. 다음으로 두 번째는 운명으로 인해 초래되는 비극으로 대부분 예기치 못한 인연이나 실수로 인해 생겨나지. 이런 종류의 비극은 고대 그리스 연극에서 많이 보이는데 그중에서도 〈오이디푸스 왕〉이 대표적이라 할 수 있지.

마지막으로 세 번째는 등장인물의 관계나 서로 다른 지위로 인해 초래되는 비극이네. 이런 종류의 비극은 비교적 평범한 환경에 놓인 등장인물들이 서로 대립으로 인해 발생하므로, 악인이나 우연한 사고 같은 건 필요하지 않네.

등장인물 사이의 대립으로 생긴 비극은 대부분 양측이 서로 복수하면서 발생하기 때문에 책임 있는 쪽을 찾기 힘든 경우가 많네. 일반적으로 알려진 비극으로는 괴테의 〈파우스트〉와 셰익스피어의 〈햄릿〉이 가장 대표적이지.

지금까지 이야기한 세 가지 유형의 비극 중에서 나는 개인적으로 세 번째 유형을 가장 좋아하네. 여러분도 느끼겠지만 첫 번째와 두 번째 유형은 평범한 사람들은 경험하기 힘든 내용이라서 거리감이 느껴지지만, 세 번째 유형은 공감대를 형성하기 쉬운 내용이라 미치는 영향력도 클 수밖에 없네.

우리가 세 번째 유형에 공감대를 느끼는 이유는 뭘까? 그건 흔히 볼 수 없는 불행이나 비상식적인 악인, 또는 일어나기 힘든 사건에 의해 벌어진 비극이 아니라 자연스러운 불행이나 사람의 행동이나 성격에 의해서 일어나는 비극이기 때문이네. 그러니 사람의 본성에 의해 비롯된 불행이기 때문에 일반 사람들도 공감대를 느끼고 두려워하게 되는 것이지.

우리의 인생에서 행복과 즐거움을 망가뜨리는 힘은 어디에나 존재하고, 우리는 누구나 비극의 주인공이 될 수 있어. 그렇다면 이런 상황은 왜 출현하는 걸까? 비극은 곧 죄악이고, 죄악은 곧 인간의 본성이지. 인간의 본성은 무엇일까? 내가 이전에도 말한 적 있는 의지가 바로 인간의 본성이네."

"그럼, 사람들은 왜 죄악인 동시에 불행을 가져다주는 비극을 좋아하나요?"

갑자기 어느 여학생이 일어나 질문했다. 목소리가 약간 떨리는 것이 비극에 나오는 가련한 여주인공 같았다. 만약 일어나지 않았다면 민경도 질문한 사람을 찾을 수 없었을 것이었다.

"좋은 질문이군. 우리는 왜 비극을 좋아할까? 단순히 그냥 좋을 걸까? 물론 아니지. 우리가 비극을 좋아하는 이유는 그 안에서 즐거움을 찾을 수 있기 때문이네. 이걸로는 비극을 좋아하는 이유로 충분하지 않다고 생각하나?

사람을 끌어들이는 힘이 있는 비극은 우리에게 완벽하게 만족할 수 있는 삶은 없으니 굳이 욕구를 만족시키기 위해 노력할 필요가 없다고 알려주지. 이런 요소는 비극의 정신을 구성하는 동시에 우리를 담담하고 편안한 상태로 이끌어 주네.

비극에 집중할 때 우리는 자연스럽게 인생의 고통과 불행을 경험하게 되네. 이처럼 작품에 몰입해 자신을 잊고 작품과 하나가 될 때 의지도, 고통도 없는 상태가 될 수 있어. 아니면 비극의 주인공이 자신의 인생의 즐거움이나 인생 자체를 포기할 때 관객은 쾌감을 느끼며 잠시라도 자신의 의지와 고통에서 벗어날 수 있는 거라 말할 수도 있겠지."

니체
'권력의지'

초인이란 필요한 일을 견디어 나아갈 뿐 아니라
그 고난을 사랑하는 사람이다.

망치를 든 철학자 / 신은 죽었다 / 차라투스트라는 이렇게 말했다
19세기 독일 철학자이자 문헌학자. 급진적인 사상으로 대륙 철학,
실존주의, 포스트모더니즘에 가장 많은 영향을 미쳤으며,
현대 철학의 근간을 마련했다. 마르크스, 비트겐슈타인, 하이데거와 더불어
현대 인문학 전반에 가장 큰 영향을 끼친 철학자이기도 하다.
《인간적인, 너무나 인간적인》, 《차라투스트라는 이렇게 말했다》, 《선악의 저편》,
《도덕의 계보학》 등의 저서가 있다.

01

'바퀴벌레'는 왜
때려도 죽지 않을까?

쇼펜하우어 교수의 비관주의 수업을 들은 뒤 민경을 비롯한 사람들은 마치 찬바람이 한차례 불고 간 것처럼 시들한 모습이었다. 확실히 쇼펜하우어 교수의 내용이 사람들의 마음속에 깊은 흔적을 남긴 것 같았다. 민경은 한 번 더 비관주의와 관련된 강의를 듣게 된다면 정말 비관주의자가 될 것만 같았다. 그래서 그녀는 한 주 동안 일부러 쇼펜하우어 교수의 강의 내용을 생각하지 않으려고 노력하면서 오늘 수업에는 더 밝은 내용을 배웠으면 좋겠다고 생각했다.

하지만 어찌 된 영문인지 사람들이 강의실을 가득 메운 뒤에도 교수의 모습이 보이질 않았다. 휴강인가? 교수에게 무슨 일이 생긴 거

아닐까? 걱정하는 목소리가 강의실 여기저기서 터져 나왔다.

"우상을 만났으니 나는 정말 행운아야. 자네들 정말 대단하군! 무슨 일을 벌인 건가?"

덥수룩한 수염을 기른 남자가 강단 뒤에서 나타나더니 혼자서 뭐라고 계속 중얼거렸다.

"쇼펜하우어 선생은 젊은 시절 나의 우상이었어. 그가 쓴《의지와 표상으로서의 세계》를 읽었을 때 나는 이 책은 나를 위한 것이란 생각이 들 정도로 상당한 감명을 받았어. 특히 그 책에서 쇼펜하우어 선생의 생명의지는 지금 생각해도 가치 있는 이론이야.

이미 쇼펜하우어 선생께 강의를 들었나 보군. 사실 내 철학적 관점에는 쇼펜하우어 선생의 철학적 관점과 일맥상통하는 부분이 있네. 그럼 쇼펜하우어 선생이 강의한 내용을 이어서 강의를 하면 되겠군. 이렇게 하면 자네들도 내용을 이해하기 쉬울 거네."

'설마 비관주의를 강의하겠다는 건가?'

민경이 믿을 수 없다는 표정을 지으며 속으로 생각했다. 이번에 수업하는 교수는 쇼펜하우어보다는 열정이 넘쳐 보였지만 그녀는 강심제를 맞지 않는 이상 '비관주의의 공격'을 견뎌낼 자신이 없었다.

"내가 쇼펜하우어 선생을 존경하긴 하지만 철학적 관점도 그런 건 아니네. 몇몇 비슷한 부분이 있긴 하지만 관점에서는 분명한 차이가 있지. 먼저 나는 쇼펜하우어 선생의 의지와 표상, 두 가지 세계에 대한 이론에는 상당히 동의하지만, 표상의 세계를 싫어하지는 않네. 오히려 객체의 고통을 세분화하던 중 실체와 현상의 통일을 찾아냈지.

그리고 나는 쇼펜하우어 선생이 생명의지를 부정한 관점에는 동의하지 않네. 나는 인류가 고통을 벗어나는 방식을 더욱 긍정적으로 바라보고 있거든. 그래서 나는 인생이 비극적이고 고통스럽다는 점은 부정하지 않지만, 세상과 자신의 인생에 새로운 의미를 만들어 낼 수 있다면 고통도 무릅써야 한다고 생각해. 그리고 나는 그런 사람들을 '영웅' 또는 '초인'이라고 부르지."

"나는 이런 긍정적인 의미를 가진 생명의지 본체론을 '권력의지權力意志, der wille zur macht'의 본체론이라 부르네. 그리고 디오니소스를 생명의지의 상징으로 보지. 바쿠스는 충만한 생명감과 힘을 가지고 있어 그 안에서는 고통마저도 흥분제 역할을 하거든. 이처럼 생명의지의 가장 높은 유형의 희생 속에서 끝없는 기쁨의 춤을 추는 걸 나는 디오니소스적 정신이라 말하네.

사람에게 이것보다 더 오래되고 강렬하고 무정하고 억제할 수 없는 본능은 없네. 왜냐하면 이 본능이 바로 사람의 본질이니까. 생명의지의 운동은 비록 객체 생명의 파괴를 대가로 하지만 객체 생명의 파괴가 생명의지에 대한 부정이라 할 수는 없네. 오히려 그것은 끊임없이 새로운 객체 생명의 탄생을 촉진해 우주 생명이 무궁하게 성장하고 영원히 운행할 수 있게 하지.

나는 인류가 생존에서 가장 큰 성과와 가장 큰 즐거움을 얻을 수 있는 비밀은 생활에서의 위험에 있다고 생각하네. 디오니소스는 중요한 상징이라고 할 수 있지. 이것은 정신을 지배하고, 우리를 강인하게 바꿔 주지. 그러므로 여기 앉아 있는 여러분 모두 내가 말하는 권력의지는 생명 의지이지만 생명을 구하려 하는 의지가 아니라 권력을 구하는 의지이자 넓고 초월적인 의지라는 걸 알 수 있을 거네.

인류뿐만 아니라 자연에 존재하는 생명체들도 마찬가지이네. 생명체들이 맨 처음 추구하는 것은 자신의 힘을 방출하는 것인 만큼 그 생명 자체가 권력의지를 보인다고 할 수 있지.”

“깍! 바퀴벌레다!”

갑자기 울려 퍼진 여학생의 날카로운 비명이 교수의 말을 끊었다. 여학생의 비명과 동시에 주변의 남학생들이 재빨리 책을 들어 책상 위를 기어 다니는 바퀴벌레를 향해 내리쳤다. 순식간에 책으로 바퀴벌레를 명중시켰지만, 바퀴벌레는 여전히 이리저리 돌아다녔고, 여기저기서 비명이 터져 나왔다. 모두들 잡기 위해 혈안이 되었지만 작은 바퀴벌레를 잡을 수는 없었다.

"여러분, 모두 봤는가? 바퀴벌레가 권력의지를 그대로 보여주고 있군. 자네들이 아무리 죽이려 해도 강인한 생명력으로 죽지 않으니 말이야. 이것이야말로 생명을 추구하는 의지이자 동시에 권력을 추구하는 의지라 할 수 있네.

그러니 세계의 본질이 권력의지라 할 수 있어. 항상 존재하는 힘으로 조금도 변하지 않고 소모되지도 않으며 시간의 흐름에 따라 그 형태를 변화시키지. 세계는 힘이 가득 넘쳐흐르는 바다와 같아서 영원히 다양한 형태가 무궁한 세월 흘러 되돌아오는 중에 각종 형태로 바뀌는 것이네.

권력의지는 일종은 본능이자 자연적으로 발생하는 비이성적인 힘이야. 그것은 생명의 본질을 결정하는 동시에 생명의 의미를 결정하네. 권력의지는 생명에서 나오는 동시에 생명으로 돌아가는 우리의 인생이라 할 수 있지. 비록 인생은 짧지만, 권력의지를 가진다면 우리는 정신에서 강자가 되어 자신의 가치를 실현할 수 있네. 세상 만물은 모두 강자와 약자로 나누어지고, 강자여야만 더 많은 걸 원하고 얻을 수 있지. 그러니 여기 앉아 있는 여러분도 강자가 되어야 하네!"

02

자신을 알아야
세상을 구할 수 있다

　수업이 끝난 뒤에야 민경은 강단 위에서 열정적으로 강의한 교수가 위대한 철학자 니체라는 걸 알아챘다. 그녀는 니체가 주장한 철학에 대한 대체적인 지식만 알 뿐 그가 어떤 사람인지는 알지 못했다. 그래서 오늘 이렇게 가까운 자리에서 바라보며 수업을 듣는 것도 좋은 경험이라는 생각이 들었다. 더구나 니체 교수에게서는 강인한 의지를 느낄 수 있었다. 한마디로 말하면 니체 교수는 이전의 교수들보다 훨씬 '열정적'인 사람이었다.

　"권력의지를 이야기했으니 이번 시간에는 권력의지를 통한 세계

인식에 관해 이야기해 보도록 하지. 그러기 위해서는 일단 내가 이 세계를 어떻게 인식하고 있는지를 먼저 설명해야 하네.

나는 진실한 세계는 존재하지 않는다고 생각하네. '진실한 세계'가 허구라는 것은 이성의 원죄에서 기원하지. 존재는 공허한 허구이며, '가상'의 세계가 유일한 세계인 만큼 '진실한 세계'는 조작된 것이라 생각하네. 이러한 '가상'의 세계는 사람의 감각과 떨어질 수 없으므로 가공으로 만들어진 세계가 바로 우리가 느끼는 현실세계인 것이지. 동시에 이런 '가상' 세계와 상대적인 건 '진실의 세계'가 아니며, 그저 혼란하고 조금의 마음도 없으며 동시에 묘사할 수도 없는 감각의 세계이네.

내가 말한 세계를 이해한다면 인류의 인식, 논리 등은 모두 생명 본능과 권력의지의 산물일 뿐이라는 걸 알 수 있을 거네. 그것들은 단지 본능과 의지의 필요에 복종하고 그 도구를 충당할 뿐이지. 바로 사람의 생명을 보존하고 육체 생존 방식을 결정하며 사람의 이성과 인식 방식을 만들어 내는 거야. 사유를 예를 들자면 자각하는 사유는 필연적으로 본능적 활동에 속해 있네. 이건 철학적 사유도 마찬가지지.

그래서 나는 인류의 인식 과정은 사람이 직감을 통해 자신의 생명과 권력의지를 체험하는 과정이라고 생각하네. 사람이 권력의지의 영원한 운행과 변천을 알고 싶다면 자신을 아는 것을 통해 실현할 수 있을 뿐이지. 끊임없이 자아를 극복하고 초월하는 걸 통해서 인류는 비로소 생명력의 강인함과 충만함을 체험할 수 있어. 사람의 인식은 권력의지의 증가에 따라 계속해서 증가한다네."

"사람의 권력의지는 전체 세계의 권력의지의 전환과 변화의 일부분이므로 인류가 세계를 인식하는 정도와 인류가 자신을 인식하는 정도에는 밀접한 연관이 있네. 인류가 들추어낼 수 있는 세계의 깊이와 인류의 복잡함은 놀라울 정도로 일치하는 면이 있지. 그러니까 사람에게 자신 외에 세계로 통하는 다른 길은 없네.

말이 나왔으니 상관없는 화제인 듯 보이지만 앞의 내용과 상당한 관련이 있는 이야기를 해 보지. 이 이야기를 통해서 내가 앞에 했던 이야기를 이해할 수 있을 거네. 여러분 모두 슈퍼 히어로를 좋아하지 않나. 이런 슈퍼 히어로들은 하늘을 날고 적들을 무찌를 수 있는 능력을 가지고 있지. 하지만 여러분은 슈퍼 히어로들이 능력을 가지기 전에 중요한 과정을 거쳤다는 것은 알고 있나? 이 점에 대해 알고 있는 사람이 대답을 해 봤으면 좋겠군."

"저는 슈퍼 히어로들은 대부분 원래 자신의 모습에서 개조되는 과정을 거친다고 생각해요. 왜냐하면 슈퍼 히어로들 중에서 시험 대상이었던 사람이 많잖아요. 예를 들어 캡틴 아메리카, 울버린, 헐크도 실험을 통해 슈퍼 히어로가 된 경우죠. 그러니까 개조되는 과정이 교수님이 말한 중요한 과정이라고 생각해요. 물론 이런 과정에서 자신의 바람과는 달리 슈퍼 히어로가 된 사람들도 있지만요.”

책을 끌어안고 있던 남학생이 대답했다.

“슈퍼 히어로에 대해 진지하게 고민해 본 것 같군. 여러 슈퍼 히어로들의 사례를 종합해서 개조하는 과정을 거쳤다는 결론을 내린 거지. 사실 방금 학생의 대답도 일리가 있네. 슈퍼 히어로 중 대다수가 개조하는 과정을 거치니까. 그러니 개조도 중요한 과정이라고 할 수 있어. 이 내용에 대해서는 다음 시간에 계속 이야기를 해 보도록 하지. 개조는 내가 생각한 답은 아니지만 방금 학생의 대답 중 맨 마지막에 한 말은 모두가 생각해 볼 필요가 있을 것 같네.”

니체 교수가 방금 말한 학생의 대답을 부정하는 동시에 다른 학생들에게 새로운 생각할 거리를 안겨 주었다. 민경은 일반적으로 이런 문제를 대답하려면 구체적인 상황을 살펴야 한다고 생각했다. 지금의 상황에서 보면 이 문제는 니체 교수가 조금 전에 말한 세계에 대한 인식, 자신에 대한 인식, 권력의지 등의 내용과 관련이 있을 게 분명했다.

“개조를 통해 슈퍼 히어로가 되었다기보다는 자신을 인지하거나 인정하는 과정을 통해 슈퍼 히어로가 되었다고 말하는 게 나을 것 같아요. 왜냐하면 비범한 능력을 가지는 것보다 슈퍼 히어로로서의 책임을 감당하는 게 더 중요하니까요. 다른 사람의 행동을 판단할 때 우리는 제일 먼저 그 사람이 그렇게 행동한 이유를 생각하잖아요. 그래서 저는 그들이 슈퍼 히어로가 된 것은 자기 자신을 받아들이고 책임지는 자세를 가졌기 때문이라고 생각해요. 사실 영화에서도 이런 내용을 설명하는 데 많은 분량을 할애하잖아요."

다른 학생이 자신의 생각을 말했다.

고민하던 중 그 말을 들은 민경이 고개를 들었다. 분명 두 번째 학생의 대답은 자신의 생각과 비슷한 점이 많았다.

"좋은 의견이군. 다른 사람들이 놓치기 쉬운 부분까지 생각해서 정리했어. 그럼 이제 내가 이 부분에 대해 이야기를 해 보도록 하겠네. 방금 자신을 아는 게 '가상'의 세계로 통하는 중요한 통로라고 설명했지. 그렇다면 그럼 구체적으로 뭘 해야 할까? 앞에 학생들이 말했듯이 영화에서 나오는 슈퍼 히어로들처럼 중요한 과정을 거쳐야 하네.

자신을 안다는 것은 사실 자신을 돌아보는 것이지. 그러니 자신의 내면세계로 돌아가 자신의 영혼 안에 있는 권력의지의 운행을 체험해야 하네. 바로 여러 가지 질문을 자신에게 던짐으로써 알 수 있는 거지. 예를 들어 여러분은 지금까지 무언가를 진심으로 사랑한 적이 있는가? 자신의 영혼을 진작시킨 것이 있는가? 어떤 물건으로 그것을 점유하고 동시에 그것에게 행복을 준 적 있는가?

사랑을 받은 대상을 열거해 보는 것도 괜찮네. 그럼 그 특징과 순서를 통해서 일종의 법칙을 발견할 수 있을 거야. 그것이 바로 진정한 자신의 법칙인 것이지. 동시에 이러한 대상을 비교해서 그것들이 어떻게 서로를 보충하고 확대하고, 발전시키며 우리가 자신의 목표를 향해 나아가는 디딤돌이 되었는지를 발견할 수 있네."

03

신은 죽고
초인이 돌아온다

"이번 시간에는 이전 시간에 풀지 못한 문제를 이제 풀어 보도록 하지. 하지만 이 문제의 답을 말하기 전에 먼저 다른 철학 관점을 여러분에게 말해 주고 싶네. 이 철학 관점을 이해하는 과정에서 여러분은 자연스럽게 앞에서 풀지 못한 문제에 대한 해답을 찾을 수 있을 거야.

먼저 내가 말하고 싶은 것은 신은 이미 죽었고, 내가 직접 그를 죽임으로써 이 세상의 모든 의미와 목적을 잃어버렸다면 잘못된 걸까? 나는 잘못한 게 없다고 생각해. 왜냐하면 이렇게 해야만 우리는 비로소 모든 도덕적 가치에서 벗어나 이 세상에 존재하는 모든 가치 있는 것들에 대해 다시 평가할 테니까."

니체 교수가 결연한 표정으로 학생들을 바라보았다.

"사람과 동물의 차이가 뭐라고 생각하나? 생활습관? 체형의 특징? 아니! 사람과 동물이 가진 가장 근본적인 차이점은 인간이 '미완성된 동물'이라는 데 있네. 그래서 인류는 더욱 자유롭게 발전할 여지와 무한한 가능성을 가지고 있으며, 또한 자신의 본질을 계속해서 창조하고 발전해나갈 수 있지.

사람의 창조성은 어디서 나오는 걸까? 사람의 창조성은 자신의 본질을 더 높이 창조하는 데 있네. 따라서 자아의 초월과 종족의 진화에 이르는 것은 권력의지를 동력으로 삼은 것이지. 우리 자신보다 더 높은 본질을 창조하는 것이네. 한마디로 자신을 초월하는 것이지! 이것은 출산의 충동이자 창조의 충동이네. 모든 봉사자들이 하나의 목표를 선결 조건으로 삼는 것처럼 사람도 하나의 본질을 선결 조건으로 삼아야 하네.

신은 이미 죽었고 인류가 스스로 자신의 생존 목표와 의미를 찾았다면 창조는 가장 중요한 목적이 되네. 나는 이렇게 인류가 계속해서 자신의 목표를 넘어 더 높은 본질로 나아가도록 인도하는 사람을 '초인'이라고 불러. '초인'은 전통적이거나 유행하는 도덕과는 다른 새로운 도덕을 가지고 있으면서 생명 의지를 가장 잘 체현할 수 있는 사람이네. 또 왕성한 창조력을 가지고 있어 생활력도 강한 사람이지."

　"일단 '초인'에 대해 자세한 설명을 하기 전에 여러분이 가진 고정된 이미지를 바꿀 필요가 있을 것 같군. 아마도 여러분은 내가 말하는 '초인'을 상상하면서 영화 속 슈퍼 히어로를 떠올리고 있을 걸세. 하지만 내가 말하는 '초인'은 여러분이 생각하는 슈퍼 히어로는 아니네. 어떤 면에서는 서로 비슷한 특징을 가지고 있지만 다르네.

　일단 '초인'은 몇 가지 방면에서 중요한 특징을 가지고 있어야 하네. 먼저 초인은 인류의 생물 진화의 최고점에 서 있는 사람이자 가장 우수한 능력을 지닌 사람으로 다른 평범한 사람과 같을 수 없어야 하네. 두 번째로 초인은 천재이자 진정한 엘리트로 능력과 인품과 용기를 모두 갖추고 있어야 하지. 동시에 초인은 모든 걸 통치할 계획을 세우고 있고 조금도 나약하지 않은 성격이어야 하네.

　다른 방면에서 초인은 강자와 싸우는 걸 좋아하고 모험을 즐기는 사람이어야 하네. 가장 높은 도덕 이상을 가지고 있는 만큼 초인은 진리와 도덕의 화신이자 사람을 위해 법률을 제정하는 규범과 가치의 창조자이며 점유자라 할 수 있네. 하지만 절대 자유를 가진 초인은 스스로 만족하면서도 이기적인 사람이기에 평범한 사람들의 틈 사이에 들어갈 수 없지. 물론 여기서 오는 외로움과 고통은 초인이라면 반드시 거쳐야 하는 단계이네. 그들은 권력의지로 고통을 견딘 뒤 고통 속에서 다시 우뚝 일어서지.

내가 말하는 '초인'은 최소한 이런 기본적인 특징을 가지고 있어야 하는데 영화 속 슈퍼 히어로들은 대부분 이런 특징을 가지고 있지 않네. 내가 봤을 때 카이사르나 나폴레옹 정도가 초인의 모습에 가깝다고 할 수 있지. 이처럼 인류 세계에서 가장 가치 있는 목표인 초인은 어떻게 하면 만들어질 수 있을까? 이 질문에 대해 나는 적합한 환경이라고 답하고 싶네."

민경은 자신이 알고 있는 슈퍼 히어로의 모습을 떠올려 보다가 조용히 고개를 끄덕였다. 니체 교수가 말하는 초인은 자신이 알고 있는 슈퍼 히어로의 모습과 다른 게 분명했다.

"적합한 환경은 바로 위험한 환경을 가리키지. 초인은 이런 환경에서 생존하고 성장할 필요가 있어. 위험한 환경에서 약자는 도태되므로 강자만 남게 되지. 환경이 위험할수록 초인이 출현할 확률도 높아지는 거야.

여기 앉아 있는 여러분도 뛰어난 업적을 남긴 인물들의 인생이 어땠는지 떠올려 보게. 하늘을 찌를 듯이 높이 솟은 거목이 오랜 시간 열악한 날씨와 매서운 바람을 견디지 않았다면 그렇게 높이 자랄 수 있었겠는가? 편안하고 좋은 환경에서는 강인하고 높은 나무가 탄생할 수 없는 법이네.

내가 만약 '초인이 길'을 그려본다면 피비린내와 무서운 분위기가 가득한 길을 그릴 걸세. 항상 다른 사람을 넘어서야만 나아갈 수 있는 길이지. 그런 길에서는 젖 먹던 힘까지 다해서 다른 사람을 이기고 나아가거나 아니면 다른 사람에게 짓밟히는 것 말고는 선택할 게 없지. 물론 계속해서 자신의 본질도 넘어서야 하네.

내가 봤을 때는 인류가 유인원을 넘어선 게 가장 좋은 사례인 것 같네. 유인원은 사람과 비슷한 모습과 특징을 가지고 있지만, 사람은 아니지. 초인도 이와 마찬가지이네. 모든 유인원이 인간이 되지 못했듯이 모든 사람이 초인이 될 수 없어. 극소수의 사람만이 초인이 될 수 있지. 많은 권력의지를 가지고 있고, 높은 인격을 가진 사람만이 심연 위에 떠 오른 밧줄을 잡고 광명의 피안에 다다라 초인이 될 수 있네.

인간이 유인원을 넘어섰듯이 언젠가는 '초인'이 인간을 대체할 것이야. 초인은 인류가 존재하는 목적이자 의미이네. 그러니 사람은 누구나 적극적이고 용감하게 '초인의 길'을 걸어가야 해."

04

예술만이
인생을 구할 수 있다.

"강의실에 오기 전에 쇼펜하우어 교수와 여러 이야기를 나눴다네. 하지만 시간이 없어 나누지 못한 이야기들이 더 많아. 지난 시간에 이야기했던 대로 나의 철학 관점 중에서 몇몇 부분은 쇼펜하우어 교수와 비슷한 점이 있네. 하지만 마찬가지로 다른 부분도 상당히 많지. 이전에 이야기했던 내용 말고도 비극을 바라보는 태도에서도 나는 쇼펜하우어 교수와 상당히 다른 관점을 가지고 있네.

이번 수업에서는 비극이 우리 인생에 얼마만큼 긍정적인 역할을 하는지를 이야기해 보도록 하겠네. 이것도 쇼펜하우어 교수가 수업에서 언급하지 않은 내용이겠지. 그러니 여러분도 이번 시간을 계기로 다양한 예술 분야에서 다뤄지는 비극이 우리의 삶에 어떤 영향을 미치는지 생각해 보고, 비극을 주제로 긍정적인 영향을 끼친 예술 분야가 있는지 고민해 봤으면 좋겠군.

사실 내가 개인적으로 가장 관심 있게 바라봤던 예술 분야는 고대 그리스 예술이네. 나는 고대 그리스 예술이 그리스인들의 조용하고 조화로운 정신에서 나온 것이라 생각하지 않아. 오히려 인생의 극심한 고통과 억제하기 힘든 충동에 대한 깨달음을 통해 만들어진 것이라 생각하네.

여러분도 생각을 해 보게. 마음이 물처럼 평화로운 상태에서 영감을 더 잘 표현할 수 있겠는가? 아니면 슬픔과 분노가 가득한 상태에서 영감을 더 잘 표현할 수 있겠는가? 답은 물어보나 마나 겠지. 내면에 슬픔과 분노가 가득할 때 예술을 종종 감정을 분출하는 중요한 수단이 되니까. 하지만 다른 일에 신경 쓰지 않을 때는 머리가 텅 빈 것처럼 돼서 아무것도 표현할 게 없어지네.

그러니 그리스인의 지혜는 그들이 삶의 고됨을 이해했다는 데 있는 거야. 하지만 그들은 인생의 비극적이다고 해서 세상을 원망하지 않았으며, 맞닥뜨리는 좌절에 절망하지도 않았어. 오히려 자신을 구할 수 있는 길을 찾았지. 그들은 예술로 삶의 의미를 찾고 비극을 통해 살아갈 의미와 이유를 찾은 걸세."

민경은 그리스 예술 중 비극을 다룬 작품이 뭐가 있는지 생각하면서 니체 교수의 강의에 집중했다.

"나는 그리스인들이 생존의 두려움을 알았을 뿐만 아니라 깊이 느끼고 있었다고 생각하네. 그래서 살아가기 위해서 신을 만들어 낼 필요가 있었던 것이지. 예술은 사람들이 계속 살아가게 하고, 사람들은 예술을 통해서 인생과 생명을 아름답게 만들어 현실의 고난을 생명의 기쁨으로 변화시키지. 그렇기에 우리는 예술을 통해 충만한 삶의 이유를 느낄 수 있네.

그리스인들이 만들어 낸 여러 신 중에서 태양의 신인 아폴론과 술의 신인 디오니소스에게서 두 가지 정신을 발견했네. 이 두 가지 정신에는 인간의 본능이 충만한 동시에 예술적 영감으로 가득하지.

꿈과 환상의 체험인 아폴론은 사람이 꿈속으로 들어갈 수 있게 해 주네. 꿈속 세계의 아름답고 신기한 환상 속으로 사람을 깊이 빠져들게 해 고통도 잊고 인생도 잊게 만드는 거네. 구체적으로 말하자면 아폴로의 정신은 사람을 아름다운 꿈속으로 빠져들게 만들어 인생의 고통을 잊고 해 줌으로써 사람들이 생존의 이유를 찾을 수 있도록 해 주네.

이처럼 아폴론 예술이 사람들을 위해 생존의 이유를 찾게 해 준다면 디오니소스의 정신은 인생을 위해 그 의지가 있는 곳을 찾게 해 주네. 사실 디오니소스의 정신은 사람이 술에 취했을 때 볼 수 있네.

사람은 술에 취하면 고통스러워하면서도 미친 듯이 즐거운 상태에 빠져들어 자신을 잊어버리는 경지에 이르게 되지 않나. 디오니소스의 정신은 사람들이 겉모습에 대한 환상에서 벗어나 인생의 고난과 비극에 직면할 수 있게 함으로써 생명에 대한 긍정에 이를 수 있게 해 주네. 나는 그래서 디오니소스의 정신이 영원히 변치 않는 본질적인 예술의 힘이라고 생각하네. 디오니소스의 예술은 사람들이 표면의 현상을 넘어 생명의 근원과 융합할 수 있는 경지에 이르게 하고, 최종적으로는 생존의 영원한 즐거움을 느끼게 해 준다네."

"고대 그리스 신화에 나오는 인물 중에서 아버지를 죽이고 어머니와 결혼한 비극의 주인공 오이디푸스와 인간에게 불을 가져다주고 독수리에게 간을 파 먹히는 벌을 받게 된 프로메테우스의 이야기는 내가 말한 두 정신을 아주 잘 증명해 주지. 두 신화 속 인물의 이야기를 여러분도 잘 알고 있을 테니 여기서는 굳이 여러 말 하지 않겠네. 내가 말하고 싶은 건 두 신화 속 인물과 두 가지 정신이 서로 관련 있다는 걸세.

오이디푸스는 아폴론식 비극의 전형적인 사례라고 할 수 있지. 그는 운명의 속박에서 벗어나려 했지만 항상 운명이 가져다주는 고난을 피하지 못했어. 한마디로 운명의 강요에 의해 비극의 영웅이 된 사례라 할 수 있지. 반면 프로메테우스는 다르네. 인간을 위해 제우스에게서 불을 훔쳐 벌을 받게 되었으니 자발적인 반항이라고 볼 수 있지. 비록 불을 훔쳐 참혹한 벌을 받게 됐지만, 이로써 디오니소스의 정신이 충분히 드러낸 동시에 자기 생명의 가치도 드러냈네.

예술은 엄청난 매력을 가지고 있고, 사람들이 이 때문에 예술에 몰두하게 되지. 나는 예술의 매력은 생활에서의 고통과 비극을 아름다운 작품으로 표현해내는 데 있다고 보네. 이런 과정에서 사람들은 예술적 즐거움을 느낄 수 있고, 자신의 영혼을 승화시켜 자기 인생의 구원을 얻을 수 있지."

"예술은 인류의 영혼을 정화하고 승화시켜 주지. 아폴론 예술은 사람들을 매력적인 환상 속으로 빠져들게 해 몸과 마음을 즐겁게 만들지. 반면 디오니소스 예술은 아폴론 예술에서 가려진 인류의 고통의 본질을 드러내 비극적이면서도 즐겁고 심지어 고통에서 더 나아간 파멸 속에서 특별하면서도 강렬한 즐거움을 느끼게 해 주네.

그래서 나는 비극을 숭상하고 디오니소스의 정신을 숭상하네. 디오니소스 정신 속에 담긴 비극의 아름다움은 우리의 인생의 고난을 제거해 주고 우리에게 생존할 수 있는 용기를 주니까. 그리고 이런 예술은 고통을 없애 준 뒤 우리에게 인생의 즐거움과 계속 살아갈 동력을 제공해 주네.

우리는 인생의 고난과 좌절을 직시하고 권력의지를 가질 필요가 있어. 만약 그러지 못한다면 비극을 통한 즐거움을 느낄 방법이 없지. 그래서 예술은 삶의 동력을 제공해 주는 위대한 수단이자 삶의 위대한 흥분제라고 할 수 있네."

13

존 듀이
'교육철학'

교육의 참된 목적은
각자가 평생 자기의 교육을 계속할 수 있게 하는 데 있다.

행함으로써 배운다 / 계속적인 경험의 재구성 / 실용주의자
미국의 철학자, 심리학자, 교육학자. 미국인 최초로 심리학 교과서를 출간하였고
학교 제도에 막대한 영향을 준 진보주의를 이끌었다.
실용주의의 대표적인 철학자로 실천적 연구에 중점을 두었으며 복지 활동과
여성운동, 민주주의 발전에 큰 관심을 두고 활동했다.
특히 교육개혁에 앞장서 아동 교육 체계에 기틀을 마련했고
실험학교를 통해 교육이론을 검증, 근대 교육학의 아버지로 불린다.

01

교육이란
무엇일까?

"오늘은 특별한 사람이 온다고 하던데!"

민경과 몇 명 학생들이 길을 걸어가면서 소문에 관해서 이야기했다. 하지만 이번에 오는 교수가 특별한 사람이라는 것 말고는 아무도 아는 게 없었다. 그래서 궁금증을 참지 못한 그들은 좋은 자리를 차지하기 위해 아침 일찍부터 강의실로 가는 중이었다.

이렇게 일찍 서둘렀음에도 강의실 자리는 이미 다 찬 상태였다. 민경을 비롯한 일생은 놀라 휘둥그레진 눈으로 강의실을 둘러보다가 마지못해 강단에서 멀리 떨어진 구석 자리에 앉았다. 자리에 앉아 오늘 수업을 들으러 온 사람들을 바라보던 민경은 평상시와 다른 점이 있음을 발견했다.

다른 수업보다 수업을 청강하러 온 교수들이 훨씬 많았고, 심지어는 경비 아저씨도 있었다. 만약 철학 과목 수업인 걸 몰랐다면 교수 회의실에 잘못 들어왔다고 착각할 정도였다. 강의실에 사람들이 가득 차자 안경을 쓴 교수가 강단 위로 올라왔다.

"우리 사회는 상당히 많은 변화를 거쳐 왔습니다. 상당히 진취적인 일이라 할 수 있지요. 비록 나의 교육철학이 대부분 내가 살았던 시대를 바탕으로 이뤄지긴 했지만, 지금의 교육 발전에도 도움이 되는 부분이 있으리라 생각됩니다. 그래서 이번 시간에 나의 교육철학을 소개함으로써 여러분의 학습 생활에 도움이 되고, 아울러 현대 교육 발전에도 도움이 되었으면 좋겠습니다."

강단에 선 교수가 말을 시작하자 강의하는 교수가 누구인지 추측하던 민경은 교육철학이란 말이 들리자마자 존 듀이이란 이름을 재빨리 기억해냈다.

"이번 시간에는 먼저 여러분과 함께 '교육이 무엇인지'에 대해 생각하는 시간을 가지려 합니다. 교육철학을 말하려면 빼놓을 수 없는 문제이기도 하지요. 나는 사회적 동물인 인류가 일반 동물들과는 차이점이 있다고 생각합니다. 사회 구성은 서로가 신앙, 이상, 감정 등의 요소를 주고받음으로써 이루어질 수 있습니다. 만약 이런 요소들이 결핍되어 있다면 사람들은 오랜 시간 같은 장소에 거주하면서도 진정한 사회를 형성하지는 못했을 겁니다.

그럼, 우리는 어떻게 하면 이런 정신적인 요소들을 키울 수 있을까? 당연히 사람끼리 이루어지는 소통과 공감을 통해 키워질 수 있지요. 그런 의미에서 우리는 교육을 통해서 사람과 사람 사이에 소통할 할 수 있는 다리를 건설할 필요가 있습니다. 더구나 우리의 삶은 한정되어 있지요. 우리는 환경에 적응하며 스스로를 갱신해 나가지만 언제까지 그럴 수는 없습니다. 그러니 우리는 자신들이 가지고 있는 지식과 경험을 후세에 전수함으로써 연속해 나아가야 합니다. 사람이 가지고 있는 이상, 희망, 즐거움, 고통의 재창조는 물질적 생존의 갱신을 수반하고, 사회 집단의 갱신이나 어떤 경험을 통해서 우리는 연속해 나아갈 수 있습니다. 그러니 교육은 가장 광범위한 의미에서 삶의 이러한 사회적 연속성을 유지해주는 수단이라 할 수 있습니다.

이러한 관점에 기초해 나는 교육은 생활이라고 생각합니다. 어린 아이들은 생활 속에서 점차 성숙해지고 아이들의 능력도 점차 발전해가지요. 이렇게 없던 능력을 가지게 되는 과정을 성장했다거나 발전했다고 말할 수 있습니다. 그러니 생활은 곧 발전인 거고, 끊임없이 발전하고, 성장해 나아가는 게 생활인 거지요."

"이처럼 교육은 '성장이자 발전'이라고 말할 수 있다면 교육의 과정은 끊임없이 성장하는 과정인 셈입니다. 교육은 반드시 한 걸음씩 천천히 현재의 가능성을 실현하고 이로써 개인은 이후의 발전 요구에 적응하며 더 나은 미래로 나아갈 수 있는 거지요.

이런 성장은 다른 방면에서 경험의 지속적인 개편과 개조라고 할 수 있습니다. 그래서 아동 교육은 아동이 환경에 적응할 수 있게 하는 동시에 불확실한 사회의 요구에 맞는 능력을 갖출 수 있게 해야 합니다. 이로써 생활, 성장, 경험의 개조 과정을 통해 얻은 지식, 능력, 사상으로 점차 변화 발전해가는 사회에 적응해감으로써 사회 발전을 이끄는 유능한 인재가 될 수 있는 것이지요.

사실, '교육이란 무엇일까?'란 질문에 대해 교육학계에서도 다양한 관점이 존재합니다. 하지만 내가 봤을 때 얼마나 다양한 관점이 존재하든 결국에는 '교육은 성인이 된 이후의 생활을 위한 준비'라는 학설에 국한되지. 나는 이런 잘못된 학설 때문에 아이들의 성장 과정의 합리성을 소홀히 하게 된다고 생각합니다.

그리고 '교육은 개인의 사고 능력을 훈련하기 위한 것'이라고 주장하는 학설도 있지만, 내가 봤을 때 이것도 문제가 있습니다. 이 말은 인류가 선천적으로 기억력, 상상력 등 천부적인 능력을 가지고 있고, 교육이 이런 기억력, 상상력 등의 사고 능력을 훈련하는 거라는 뜻입니다. 하지만 첫째 우리는 인류가 이와 같은 능력을 선천적으로 가지고 있는지 알 수 없고, 둘째 이 학설은 아이의 생활, 성장의 과정을 무시하고 있습니다. 게다가 인류가 이러한 능력을 선천적으로 가지고 있다고 하더라도 이러한 능력을 훈련하는 건 생활 과정을 속에서 진행되어야 합니다.

그래서 나는 교육은 아동의 생활 과정이지 미래 생활을 위한 준비가 아니라고 생각합니다. 가장 좋은 교육은 생활 속에서 이뤄지는 학습과 경험을 통해 배우는 학습입니다. 따라서 교육과정은 교육 목적 이외에 다른 목적이 있어서는 안 되며, 교육의 목적은 교육과정 안에 포함되어 있어야 합니다."

02

학교란
뭘까?

"이제 계속해서 교육철학에서 중요한 문제인 '학교란 무엇인지'에 대해 이야기를 해 보도록 하지요."

이 말을 듣자 민경은 의아한 생각이 들었다. 교육은 추상적인 개념인 만큼 그것이 뭔지에 대해 이야기하는 게 당연했지만, 학교는 실제로 존재하는 만큼 그것이 뭔지에 대해 이야기할 필요가 없어 보였기 때문이다. 지금 설명하려는 학교가 실제로 존재하는 학교와 차이점이 있는 걸까?

"학교에 대해 말한다고 하니 이상하게 생각하는 학생들도 있겠지요. 더구나 우리는 지금 학교에 있지 않습니까. 학교는 우리가 생활하는 곳에 명백히 존재하는 데 굳이 그게 뭔지를 고민할 필요가 있을까? 나는 반드시 필요하다고 생각합니다. '교육이 무엇인지'에 대한 문제와 똑같이 '학교란 무엇인지'도 우리가 반드시 고민해 봐야 할 문제입니다. 이 점은 교육에 종사하는 사람에게 중요할 문제일 뿐만 아니라 학생들에게도 생각해 볼 필요가 있는 문제입니다.

그럼, 이제 본론으로 들어가 보도록 하지요. 앞에서 우리는 교육은 생활이며 사회화의 과정이라고 배웠습니다. 학교를 역할 측면에서 보면 사회생활의 형식으로 존재하는 거지요. 학교는 현재의 생활을 나타내고 있어야 하며 그러니 아동의 생기발랄한 생활을 보여야 하는 것이지요. 이런 생활은 그들의 가정이나 동네 또는 놀이터에서 경험하는 생활과 같아야 합니다.

이 점은 어떻게 이해될 수 있을까요? 나는 학교는 어린아이들의 상아탑이 되어 현실 생활을 차단해서는 안 된다고 생각합니다. 사고 능력이 완전하지 못한 어린아이들을 보호하려는 조치라고 생각할 수 있겠지만, 대부분은 아동의 사회 발전을 제약하려는 겁니다.

현재의 교육이 실패하는 원인은 학교가 사회생활의 일종의 형식이라는 중요한 원칙에 소홀했기 때문입니다. 전 세계 어느 나라든 현대 교육자들은 학교를 지식을 전수하는 곳이나 어떤 과정이나 습관을 기르는 훈련장으로만 보고 있습니다. 그들은 학교에서 어린아이들에게 집중적이고 전면적인 훈련을 제공하면 아이들의 미래에 대한 준비를 할 수 있다고 생각하지요.

　이런 논리라면 학교 교육을 받은 사람들은 사회의 문턱에 들어설 때 이미 사고나 능력이 성숙하여 있어야 합니다. 하지만 현실은 그렇지 않지. 왜 그럴까? 예를 들어서 학교에 들어오기 전에 어른들과 자유롭게 소통하던 아이들이 학교에 들어온 뒤에 다른 사람과 소통할 줄 모르게 되는 경우가 있지요. 그럼, 우리는 이 현상의 원인을 우리는 학교에서 찾을 수밖에 없겠지요."

　존 듀이 교수의 말에 평소 학교는 지식을 전수하는 장소라고 생각했던 사람들이 의외라는 표정을 지었다.

　"1896년 내가 시카고에서 설립한 실험학교는 4살에서 15살 아이들로 구성이 되어 있었습니다. 그래서 나는 실험학교의 교육과 학교 업무를 세 가지 단계로 나눈 뒤 학생들을 나이에 따라 11개 학년으로 나누었습니다.

　먼저 첫 번째 단계는 1학년(4살), 2학년(5살), 3학년(6살)이 포함되며 4학년(7살), 5학년(8살)은 과도기 단계에는 소속됩니다. 두 번째 단계는 6학년(9살), 7학년(10살)이며, 과도기 단계는 8학년(11살), 9학년(12살)입니다. 마지막으로 세 번째 단계는 10학년(13살), 11학년(14~15살)으로 구성하였습니다. 이처럼 단계와 학급별로 나눠 각기 다른 활동 환경과 교육과정을 진행함으로써 아이들의 흥미와 요구를 더욱 잘 만족시킬 수 있었습니다.

여기서 중요한 점은 실험학교의 학급 구분을 다른 학교에서도 참고로 할 만하다는 겁니다. 첫 번째는 실험학교는 일반 학교와 다르게 유치원과 초등학교를 나누어 세우지 않고 하나로 합치고 동시에 일부 중학교 교육을 첨가했습니다. 이유는 아이들이 교육을 연속적으로 받게 하기 위함이었지요. 두 번째로 실험학교는 조직 방면에서 대담한 시도이자 독창적인 노선을 걸어가고 있는데 이는 완전히 어린아이의 심리발전을 기초로 삼았습니다.

내가 설립한 실험학교는 사회생활을 배경으로 꾸며 '개인의 요소와 사회 요소'를 서로 조화시키고 균형을 맞추도록 했습니다. 그리고 학생들이 학교를 집처럼 여기게 했지요. 이렇게 된다면 아이들의 학교에서의 생활은 가정생활의 생활의 연속되는 셈이지요.

학교는 '작은 사회가 되거나 초기 형태의 사회가 되어야 한다'라고 생각합니다. 여기에는 두 가지 측면에서 의미가 있는데, 첫 번째는 학교 그 자체가 사회생활이라서 사회생활의 모든 의미를 가지고 있어야 하고, 두 번째로 학교 안에서의 학습이 학교 밖에서의 학습과 서로 연관되어 자연스럽게 서로 영향을 미쳐야 합니다."

민경은 존 듀이 교수의 실험학교가 옳은 건지 알 수 없었지만 학교가 작은 사회의 역할을 해야 한다는 점은 공감되었다. 존 듀이 교수가 은은한 미소를 지으며 마무리 발언을 했다.

"하지만 또 다른 방면에서 학교가 사회생활의 형식을 취하고 있다고 해서 그것이 사회생활의 간략하게 재현했다는 의미는 아닙니다. 학교가 아무리 사회의 모습을 갖추고 있다 해도 진짜 사회와는 다를 수밖에 없으니까요."

03

의무교육의
이상적인 결과

"교육과 학교의 개념을 이야기했으니 이제는 '교육의 목적'에 대해 이야기할 필요가 있겠군요. '교육의 목적'을 이해한다면 가르치는 선생이나 배우는 학생 모두 더 높은 효율을 올릴 수 있지요. 그러니 여러분도 교육의 목적을 알게 된다면 나의 강의 내용을 더 잘 이해할 수 있을 겁니다. 그렇다면 교육의 목적은 무엇일까? 여러분이 각자 자기 생각을 자유롭게 이야기해 봤으면 좋겠군요."

교육은 우리의 삶과 밀접하게 연관되어 있음에도 민경은 '교육의 목적이 뭘까'라는 질문을 들으니 머릿속이 까매졌다. 교육학을 전문으로 하지 않았기 때문에 교육에 관해 깊은 연구를 한 적 없었던 그녀는 뭐라 대답해야 할지 알 수가 없었다.

"교육의 목적은 사회와 국가에 유용한 인재를 양성하는 데 있습니다. 이런 인재들은 지적 수준과 도덕 수준이 다른 사람들보다 우수해야 합니다. 그리고 이런 뛰어난 지적 수준과 도덕 수준은 선천적으로 가지고 있는 게 아니라 후천적인 학습을 통해 형성되지요. 여기서 말하는 학습이 교육의 전체 과정을 말하며, 교육의 목적은 이런 과정을 통해 유용한 인재를 양성하는 것입니다."

나이 지긋해 보이는 교수가 확신에 찬 목소리로 말하고는 다시 천천히 자리에 앉았다. 교수가 자리에 앉는 동시에 강의실에서 잠시 숙덕대는 소리가 들리다가 조용해졌다. 언뜻 보기에는 연로한 교수의 대답에 모두가 동의하는 것처럼 보였다. 더구나 동의하지 않는다고 할지라도 더 정확하고 합리적인 대답을 찾기가 쉽지 않았다.

"여러분의 반응을 보니 방금 교수님이 한 대답에 모두 동의하는 것 같군요. 하지만 교육의 목적은 개인이 자신의 공부를 계속할 수 있도록 하는 데 있습니다. 그러니 만약에 교육의 목적을 다른 곳에서 찾는다면 교육은 그 목적을 위한 수단이 될 수밖에 없어요."

듀이 교수의 말에 강의실에 있는 학생이 놀란 표정을 지었고, 민경도 순간 어떤 반응을 보여야 할지 알 수가 없었다. '교육을 계속하는 게 교육의 목적이라니?' 뛰어난 인물이 되는 게 교육의 목적이라 생각해 왔던 민경은 뒤통수를 얻어 받은 것 같은 충격을 느꼈다. 모두의 머릿속에서 '지금까지 내가 받은 교육은 무슨 필요가 있었던 걸까?'라는 생각이 스치고 있을 때 듀이 교수가 웃으며 말했다.

"방금 한 말에 놀라거나 이해하지 못한 학생들도 있겠지요. 자세히 설명한다면 나는 교육의 목적은 새를 사냥하기 위해 총을 겨누는 것과 같다고 생각합니다. 하지만 여기서 새는 단지 우리가 진행하고 싶은 활동에 집중하기 위한 표식에 지나지 않습니다. 바로 이런 표식이 사냥의 동작을 진지하고 구체적이고 의미 있게 만들어 주지요. 교육 역시 마찬가지입니다. 교육과정 자체에 이미 개인의 소질을 발전시킨다는 의미가 담겨 있는 이상 교육의 목적은 지도해 이끄는 데 있는 것이지요.

물론 교육이 긍정적인 교육 목적을 가지고 있다는 것을 부인하려는 게 아닙니다. 다만 교육은 지도하는 역할을 해야 하며 다른 목적을 위한 수단이 되어서는 안 된다는 걸 강조하고 싶은 거지요. 예를 들어 누군가가 교육을 통해 부자가 되고 싶어 한다면 그것은 그 사람의 목적이지 교육의 목적일 될 수는 없습니다. 만약 이렇게 된다면 교육은 그저 부자가 되기 위한 수단이 될 뿐이고 교육이 가져야 할 의미도 사라지게 됩니다.

여러분이 말하는 것처럼 교육이 긍정적인 목적을 가지려면 몇 가지 특징을 갖추어야 한다고 생각합니다. 첫 번째 교육의 목적은 반드시 개인 고유의 활동과 필요에 기초를 두어야 하고, 다음으로 학생들과 함께 협력할 수 있는 방식을 추구하는 것이어야 합니다.

사실 여러분이 받은 의무교육의 경우 그 목적이 아주 명확하다고 할 수 있습니다. 의무교육은 한편으로는 교육받는 사람을 정형화된 상품으로 만들면서 또 한편으로는 교육받는 사람의 창조 능력을 향상하는 데 목적이 있지요. 하지만 구체적인 실천에서 의무교육은 교육받는 사람을 정형화된 상품으로 만들려는 목적이 창조 능력을 향상하는 목적보다 우선시되는 경향이 있습니다. 이 점도 교육에 종사하고 있는 사람들이 직시해야 할 교육 현실입니다.

감각기관을 신비한 통으로 보고 우리가 지식이 이 통을 거쳐 마음속으로 들어간다고 생각하는 사람들은 아이들이 눈으로 책을 바라보고 선생의 말을 듣는 것이 완벽한 지식을 얻을 수 있는 비결이라고 생각합니다. 이런 방식은 지식을 전수하는 걸 교육의 목적으로 삼는 것이지. 하지만 이런 주입식 교육 방식은 아이를 강제적으로 적합한 상품으로 만들 뿐 창조 능력을 갖춘 사람이 되게 하지는 못합니다.

내가 앞에서 이야기했던 대로 교육은 성장입니다. 아직 성장이 끝나지 않은 아이들은 무한한 에너지와 잠재력을 가지고 있지요. 이런 아이들에게 필요한 정확한 교육 방식은 지도이지 주입식 교육이 아닙니다."

04

교육은 어린아이로부터
시작되어야 한다

"나는 '교육은 어린아이로부터 시작되어야 한다'는 말을 무척 동의하며, 이 말을 '아동 중심 주의'라는 말로 표현하는 걸 좋아합니다. 왜냐하면 과거 코페르니쿠스가 천문학의 중심을 지구에서 태양으로 옮겨 놓은 것처럼 교육의 중심도 아동으로 옮겨질 필요가 있기 때문이지요.

학교는 마땅히 선생이 아니라 아동을 중심으로 모든 게 조직되어야 한다고 생각합니다. 현재 학교 교육의 가장 큰 폐단은 이론 과목을 교육의 중심으로 보고 아동의 자발적 적극성을 무시한다는 겁니다. 성인들이 유익한 지식을 아이에게 강제로 주입하려는 것은 매우 잘못된 교육 방법입니다."

아동을 중심으로 하는 존 듀이 교수의 교육 방식은 민경이 보기에 아동의 본래 타고난 자질에 따르는 교육 방식과 비슷해 보였다. 아동의 심리와 성격을 바탕으로 교육 계획을 구성하는 건 천편일률적인 교육 계획보다 정확하겠지만 현실적으로 실행하는 건 간단치 않았다.

"하지만 학교가 아동 중심이 되어야 한다는 말이 선생이 학생들 '방임'해도 된다는 말은 아닙니다. 만약 교사가 교육과정에서 아동을 방임한다면 그것은 사실상 아동을 지도할 책임을 포기하는 것이고, 자신의 의무를 내버리는 행동이지요.

교육의 과정은 아동과 교사가 함께 참여하고 협력하는 과정이 되어야 합니다. 이렇게 된다면 교육과정에서 아동과 교사는 더욱 친밀해질 수 있으니 교사가 더욱 많은 내용을 지도해 줄 수 있지. 더구나 성숙하고 풍부한 경험을 가진 교사는 교육 계획이 계속 발전할 수 있을지를 판단할 능력이 있는 만큼 활동 방향을 제시할 권리와 책임이 있습니다."

"아동은 선천적인 본능과 성격을 가지고 있는 만큼 교육은 이것을 기반으로 진행되어야 합니다. 그래서 나는 '놀이'와 '노동'으로 아이의 본능을 훈련해야 한다고 생각합니다. 여기서 말하는 '놀이'는 재미있는 방법을 사용해 아동의 어떤 방향을 발전시키는 것이지 무턱대고 노는 걸 말하는 것은 아닙니다. 아이들은 성인들을 따라 하려는 본능이 있지요. 교육과정에서 만약 이런 본능을 이용해 여러 의미 있는 놀이를 만들어 낸다면 더욱 쉽게 지식을 쉽게 전수해 줄 수 있습니다.

다양한 놀이 중에서 체육 놀이는 아동의 각종 능력을 훈련할 수 있는 동시에 사회능력도 기르게 할 수 있습니다. 체육 놀이를 진행하면 아동에게 협력과 단체 활동을 알려줄 수 있고, 지도 능력과 건강한 생활 태도를 길러줄 수 있지요.

반면 '노동'은 아이들이 손과 머리를 사용하는 능력을 훈련할 뿐만 아니라 동시에 이런 방법으로 아동에게 지식을 전수해 줄 수도 있습니다. 예를 들어 와트가 수증기로 인해 주전자 뚜껑이 움직이는 걸보고 증기기관의 원리를 알게 되었듯이 아이들에게 직접 식물을 심어 물을 주고 키우게 하면서 식물학 지식을 습득할 수 있습니다."

"그래서 교육의 과정은 '작업 활동'을 하는 과정이라 할 수 있습니다. 만약 아동이 '작업 활동'을 할 기회가 없다면 소질을 발전시키는데 장애 받을 수밖에 없습니다. 아동은 태어나면서부터 새로운 사물을 만지고 싶어 하고, 각종 일에 강한 흥미를 느끼고 참여하고 싶어

하는 욕구를 가지고 있고, 나는 이걸 무척 중요하게 생각합니다.

그래서 나는 '적극적인 작업 활동을 통한 배움'이 교육 원칙이라 생각합니다. '적극적인 작업 활동'은 경험을 통한 학습으로 학교 안에서 얻는 지식과 생활에서의 활동이 서로 연계하는 것이지요. 이것은 아동의 인생에 유익한 전환점이자 아동의 성장과 발전을 촉진하는 방법이 될 수 있습니다.

또 다른 방면으로 좋은 교육은 아동의 사고 습관을 길러 줄 수 있어야 합니다. 여기서 말하는 생각은 현명한 학습 방식이나 현명한 경험 방식을 가리키지요. 그래서 나는 완전한 생각을 하는 과정을 생각의 다섯 단계라 부릅니다.

첫 번째 단계에서는 먼저 문제에 대해 인식하고, 두 번째 단계에서는 잠정적으로 문제에 대한 가설을 세우고, 세 번째 단계에서는 현재 상황에 대한 조사를 진행하며, 네 번째 단계에서는 세운 가설이 더욱 정확해질 수 있도록 가다듬고, 다섯 번째 단계는 세운 가설을 검증하고 수정해야 합니다. 물론 이 다섯 단계의 순서가 반드시 고정되어 있는 건 아닙니다."

"나는 사고의 다섯 단계와 마찬가지로 교육과정도 다섯 가지 단계로 나눴습니다. 그 첫 번째 단계는 교사가 학생에게 사회생활과 관련된 상황을 제공해 주는 것이고, 두 번째 단계는 상황에서 발생하는 문제에 학생이 대응할 수 있도록 해 주는 것이며, 세 번째 단계는 학생이 문제를 해결할 수 있는 사고와 가정을 만들 수 있게 해 주는 것이며, 네 번째 단계에서는 학생이 스스로 문제를 해결할 수 있는 가설을 정리하고 배열할 수 있도록 하는 것이며, 마지막 다섯 번째 단계는 학생이 가설을 실제로 응용해서 가설을 검증할 수 있도록 하는 것입니다.

이렇게 다섯 가지 서로 다른 교육과정 단계를 '교육의 다섯 단계'라고 부릅니다. 이런 교육 방법은 아동이 창조지식을 배우게 해서 생활에서 발생하는 각종 문제에 더 잘 대처할 수 있게 해 주지요. 하지만 모든 단계를 완벽하게 거치는 것은 결코 쉬운 일이 아닙니다.

이제 여기 앉아 있는 여러분도 교육이 어린아이로부터 시작되려면 어떻게 해야 하는지 알았으리라 생각합니다. 아동에게 가장 좋은 교육 방법은 아이들의 천성에 맞는 교육 방법입니다. 교사는 교육 과정에서 마땅히 아동과 서로 협력할 수 있는 관계를 만들기 위해서 노력하면서 아동의 생각 방식에 따라 상응하는 교육 계획을 세우려 노력해야 합니다. 동시에 '놀이'와 '노동'을 통해서 아동의 능력을 향상하는 것도 아동 교육의 핵심이라 할 수 있지요."

CHAPTER

14

러셀
'논리 분석'

어떤 주장이 널리 받아들여졌음이 그 주장의 타당성을
뒷받침하지 못한다.

패러독스 / 기호논리학 / 현재 프랑스 왕은 대머리이다
영국의 수학자, 논리학자, 철학자, 역사가, 사회주의자.
분석 철학의 창시자로 불린다. 비트겐슈타인과 같은 걸출한 제자를
배출한 교육자였으며 반핵, 반전 운동 등의 사회운동을 주장하고 조직한
명사이기도 했다. 1950년 노벨문학상을 받았다.
《러셀 자서전》, 《서양철학사》, 《철학의 문제들》 등의 저서가 있다.

01

닭이 먼저일까?
달걀이 먼저일까?.

재미있는 철학 수업도 이제 얼마 남지 않았다는 생각이 들자 그녀는 아쉬운 마음이 들었다. 지난 수업 과정을 곰곰이 생각해 봤지만 내용이 거의 기억나지 않았다. 하지만 마음은 왠지 많은 걸 얻은 듯한 기분이었다.

강의실이 도착한 뒤 재빨리 친구들이 있는 위치를 찾은 민경은 친구들 옆에 앉았다.

민주: "들었어? 오늘 오는 교수가 엄청난 사람이라고 하던데?"

영진: "응, 노벨문학상을 받은 사람이라던데?"

소영: "그럼 문학가가 철학 수업을 강의하는 건가?"

아름: "왠지 이전 교수들과는 다르게 강의할 것 같지 않아? 노벨 문학상을 받은 사람이니까 문학을 주제로 수업을 진행할 것 같아."

기대에 찬 친구들의 말을 듣던 민경은 오늘 강의하는 교수가 어떤 문학을 주제로 수업하든 진도를 따라갈 자신이 있었다. 비록 전공은 철학이었지만 문학에 대해서도 잘 알고 있으므로 나오는 자신감이었다.

학생들이 오늘 강의하는 교수에 대해 의견을 나누고 있을 때 입에 담뱃대를 문 교수가 강단으로 다가왔다. 그가 천천히 담뱃대를 내려놓고 강당 위로 올라오자 강의실에 앉아 있던 학생들이 말을 멈췄다.

"내가 오늘 철학 수업을 할 사람이네. 수업을 시작하기 전에 먼저 서로를 알아보는 시간을 갖도록 하지. 내 철학에는 몇 가지 특징이 있네. 예를 들어 다른 철학가들은 문학의 각도에서 철학 문제를 다룬다면 나는 수학이나 논리학의 각도에서 철학 문제를 다루고 있지. 그러니 내 수업을 이해하기 어려울 수 있네. 그럼 첫 번째로는 역설에 관해 이야기해 보도록 하지."

순간 심상치 않음을 느낀 민경이 불안한 눈빛으로 '역설이 뭐지?'라고 생각했다.

"역설이란 표면적으로는 통일한 명제 또는 추리 중에서 두 가지 대립하는 결론이 내포되어 있을 걸 말하네. 여기서 두 가지 결론은 모두 그럴듯하게 들리지. 역설은 명제나 추리 안에 내포된 서로 다른 단계, 의미(내용), 표현방식(형식), 주관과 객관, 주체와 객체, 사실과 가치의 혼합이며, 사고내용과 사고형식, 사고 주체와 사고 객체, 사고 단계와 사고대상의 비대칭이자, 사고구조, 논리 구조의 비대칭이네.

출현하는 근본 원인에서 말하자면 역설은 전통 논리의 형식화이자 형식논리의 일반적 절대화라 할 수 있네. 역설에서 형식논리는 종종 사고방식이 되므로 대다수의 역설이 형식논리의 사고방식에서 의해서 생겨나므로 형식논리의 사고방식으로 발견할 수 없고 해결될 수 없는 논리 오류라고 말할 수 있어."

이전 수업에서는 다뤄 본 적 없는 역설이 갑자기 튀어나오자 민경은 수업을 따라가지 못할지도 모른다는 생각에 불안해졌다.

"여러분 모두 이전에 이런 문제를 만나 봤겠지만 아마 역설 문제일 거라고는 생각하지 못했을 거네. 사실 닭이 먼저이냐 달걀이 먼저이냐에 대한 문제도 역설 문제라고 할 수 있지. 이 문제는 오랜 시간 인류를 괴롭혀 온 문제이네. 아마 여기 있는 여러분도 이 문제에 대한 합리적인 답을 생각해내기 힘들 거야. 그럼, 내가 각기 다른 각도에서 이 문제에 대한 해답을 내놓도록 하겠네. 여러분은 내 해답을 들으면서 논리 문제를 점차 이해할 수 있을 거네.

먼저 우리는 이 문제가 기술이 아닌 철학 문제라는 걸 명확히 할 필요가 있네. 물론 여기서 우리가 말하는 건 닭이 달걀을 낳았냐가 아니라 닭이 먼저인지 달걀이 먼저인지에 대한 문제이지. 엄격하게 말해서 이 문제는 사고방식의 문제라고 할 수 있어."

이전부터 궁금해하던 문제를 언급하자 민경은 호기심이 생겼다. 사실 그녀는 닭이 먼저인지 달걀이 먼저인지에 대한 문제는 풀 수 없는 난제라고 생각하고 있었다.

"우리는 어떤 공간에 배열되어 있는 것 사이는 모두 순서와 시간의 관계가 있으며, 공간과 시간의 순서는 상호 전환된다고 알고 있네. 사물의 심층구조는 저층 구조의 본질이며, 전체 사물의 발전은 본질에서 현상으로 이어지는 과정이네. 그래서 우리가 만약 공간에 병렬된 것들 사이의 순서 관계와 본질과 현상의 관계를 찾을 수 있다면 시간의 선후 관계를 알 수 있는 셈이지. 이로써 우리는 닭이 먼저냐 달걀이 먼저냐에 대한 문제를 해결할 방법을 얻을 수 있어.

철학 논리에서 보면 수탉은 알을 낳을 수 없으니 암탉만 알을 낳을 수 있네. 하지만 달걀에서는 수탉과 암탉이 모두 태어날 수 있지. 이로써 달걀이 수탉과 암탉 공동의 본질인 셈이야. 앞에서 한 이야기 했듯이 사물은 본질에서 현상으로 발전하므로 공동의 본질인 달걀이 먼저라고 볼 수 있네.

반면 생명과학의 논리에서 본다면 닭과 달걀에는 공통의 본질이 존재하네. 바로 세포지. 세포는 생명 구조단계에서 가장 하부의 단계이자 생명체계의 본질이라 할 수 있어. 그러니까 세포에서 객체로 이어지는 과정은 본질에서 현상으로 이어지는 과정인 셈이야. 여기서 닭은 객체에 속하고, 달걀은 세포가 객체인 닭으로 변해가는 과정이라 할 수 있으니 달걀이 먼저인 셈이네."

자신이 풀 수 없을 거라 생각했던 문제를 간단명료하게 풀어 버리자 민경이 믿을 수 없다는 표정을 지었다.

"여러분이 보기에 두 가지 해석이 충분히 일리가 있다고 생각하는가? 아니면 문제가 있다고 생각하는가? 두 가지 해석으로도 충분치 않은 것 같다면 우리는 다른 각도에서 문제를 분석해 볼 수도 있네.

우리는 자연계에서 무기물이 유기물로 변화하고, 간단한 유기물이 복잡한 유기물로 변화해서 이후 동물로 변화된다는 것을 알고 있네. 어떠한 종이 생겨나는 것은 교배나 유전자 변이를 통해 생겨나는 것이며, 이는 닭도 마찬가지이네. 그러니 우리는 닭이 생겨나기 전에 다른 조류 동물의 유전자가 변이되어 달걀이 나왔고, 이 달걀이 자라서 닭이 되었다고 이해해 볼 수도 있어. 만약 그렇다고 하더라도 여전히 달걀이 먼저인 셈이지.

만약 계속해서 이야기해 본다면 우리는 다른 각도에서 이 문제를 해결할 방법을 찾을 수 있네. 하지만 이쯤에서 그만두고 역설이 무엇인지에 대해 계속 이야기해 보도록 하지.

우리는 역설을 어떻게 봐야 할까? 역설은 서로 모순된 논리가 순환되는 거라 볼 수 있네. 여러분 모두 내 말이 이해가 되지 않겠지만 이것이 역설의 매력이기도 하지. 아리스토텔레스부터 논리학자들은 여러 방식의 역설을 제시해 왔네. 역설에 흥미가 있는 학생들은 한번 자신만의 역설을 만들어 보도록 하게나."

02

내가 살아가는
이유

"마지막으로 여러분과 인생에 대해 같이 이야기하려 하네. 인생
도 당연히 철학에서 다뤄야 하는 문제인 만큼 여기서는 인생에 관해
이야기해 보고, 우리가 살아가는 이유에 대해서도 다뤄 보도록 하겠
네.

　먼저 본격적인 강의를 시작하기 전에 여러분의 생각을 들어 봤으
면 좋겠군. 여기 앉아 있는 여러분은 자신이 무엇을 위해서 살아간
다고 생각하나?"

　난해한 역설을 이야기하다가 느닷없이 인생 문제를 꺼내자 민경
이 멍한 표정을 지었다. 사람은 무얼 위해 살아가는 것일까? 분명

한 번쯤은 진지하게 고민해 볼 문제였지만 사람들은 대부분 살아가는 데만 집중할 뿐 살아가는 이유를 생각하지 않았다.

러셀 교수의 질문에 잠깐 속닥대는 소리가 강의실에 들리더니 이내 조용해졌다. 잠시 시간이 흐른 뒤 강의실 안에 흐르던 무거운 침묵을 깨는 목소리가 울렸다. 맑고 낭랑한 목소리에 얼어 있던 분위기가 녹으면서 강의실에 다시 생기가 돌기 시작했다.

"저는 삶은 끊임없이 세상의 지식을 얻는 거라고 생각해요. 비록 세상이 너무 넓어서 모든 걸 직접 눈으로 보고 알 수는 없지만, 여러 가지 방법을 이용해 지식을 얻을 수 있잖아요. 더구나 저는 삶은 목적이 아닌 끊임없이 이어지는 과정이므로 살기 위해 사는 것은 진정한 삶을 사는 게 아니라고 생각해요."

목소리를 따라 고개를 돌려보니 철학과에서 가장 공부를 잘하기로 유명한 남학생이 대답하고 있었다. 민경은 그 학생을 바라보며 공부하는 게 인생의 낙인 사람이니 끊임없이 지식을 얻는 걸 삶의 목적으로 삼는 게 당연하다고 생각했다. 이어서 다른 목소리가 들렸다.

"삶은 끊임없이 이어지는 과정이자 우리가 추구해야 하는 목표라고 생각해요. 어쩌면 우리는 더 좋은 삶을 살고 싶어서 계속 살아가고 있는 걸 수도 있어요. 그리고 저는 이게 삶의 가장 좋은 목적이자 이유라고 생각해요. 지식을 얻는 건 더 좋은 삶을 사는 조건은 될 수 있어도 삶의 목적이 될 수는 없잖아요."

이어서 강의실 구석에서 방금 학생의 말을 반박하는 목소리가 들려왔다. 민경이 고개를 돌려 보니 철학과에서 방금 남학생과 함께 상위권을 다투고 있는 여학생이었다. 철학과에서 가장 공부를 잘하는 두 학생이 서로 의견을 다투는 건 이번이 처음이었다. 강의실 분위기가 순식간에 얼어붙자 민경은 기대 가득한 눈동자로 남학생이 반격하기를 기다렸다. 바로 그때 강단 위에서 목소리가 들렸다.

"이건 정답이 정해진 문제가 아니네. 그러니 여러분이 서로 다른 견해를 보여도 나는 어느 쪽의 편도 들어주지 않을 생각이야. 다만 이 문제에 대한 나의 견해를 들려주도록 하지."

러셀 교수가 두 학생의 견해를 평가하지 않고 부드럽게 분위기를 전환하는 모습을 보던 민경은 정확한 답이 없다는 말에 일리가 있다고 생각했다. 하지만 답이 없다고 해서 고민할 가치가 없다는 건 결코 아니었다. 이런 종류의 문제는 답을 찾는 것보다 문제를 끝까지 견지하는 자세가 더욱 중요했기 때문이다. 그리고 지금 러셀 교수가 학생들에게 보여주고 싶어 하는 것도 바로 문제를 끝까지 견지하는 태도였다.

"나의 인생은 사랑에 대한 갈망과 지식의 탐구, 그리고 끊임없는 고난을 겪는 인류에 대한 동정심이었네. 순결하면서도 열정적인 세 가지가 내 인생을 지배해 왔지. 그리고 이 세 가지 열정은 폭풍처럼 거세게 나를 깊은 고통의 바다, 절망의 가장사리로 이리저리 몰아붙였네.

먼저 내가 사랑을 갈망한 이유는 사랑이 나에게 강렬한 희열이 가져다주었기 때문이었네. 나는 몇 시간밖에 안 되는 즐거움을 위해서 내 남은 삶 전부를 희생하려 했던 적도 있었네. 또 내가 사랑을 갈망했던 이유는 외로움을 덜어주기 때문이었어. 내가 사랑을 갈망한 마지막 이유는 상대방과 사랑으로 결합할 때 신자들이나 시인들이 상상하는 천국의 신비한 모습을 볼 수 있었기 때문이지. 이것이 바로 내가 추구하는 것이었네. 인생에서 비해서 지나치게 좋다고 할 만한 이것을 니는 나행히 거머쥘 행운을 누릴 수 있었네."

"나는 사랑을 갈망한 것과 같은 강렬한 열정을 가지고 지식을 탐구했네. 나는 사람의 마음을 이해할 수 있기를 바랐고, 하늘 위 별들이 밝게 빛나는 이유를 알고 싶었으며, 피타고라스의 사상이 가진 위력을 이해하고 싶었네. 나는 비록 이러한 방면에서 몇 가지 성과를 얻기는 했지만 광대한 지식의 바다와 비교해 보면 내가 알고 있는 것들은 결코 많다고 할 수 없지. 그래서 나는 지식에 관한 탐구를 멈출 수가 없었네.

이처럼 사랑과 지식은 나를 천국으로 이끌었지만, 끊임없는 고난을 겪는 인간에 대한 동정심은 언제나 나를 현실로 돌아오게 했네.

고통에 찬 사람들의 외침이 내 마음속에서 메아리를 치고, 굶주리는 아이들과 독재자의 억압에 고통받는 사람들, 도움이 안 된다는 이유로 자식들에게 짐이 되어 버린 노인들, 고독과 빈곤, 고통으로 가득한 세상은 인류가 당연히 지향해야 할 이상을 비웃고 있네.

어째서 누군가는 편안한 삶을 사는 데 누군가는 고통 속에서 살아가야 할까? 노력을 충분히 하지 않은 걸까? 그렇다고 볼 수는 없네. 모든 사람이 공평하게 불행을 겪지만, 모두가 불행에 대처하는 능력이 있는 건 아니야. 나도 사람들의 불행이 줄어들기를 바라지만 그건 내 능력에서 벗어나는 일이지. 그래서 나도 그 속에서 고통받고 있지.

이것이 바로 내가 일생 추구하고 갈망했던 것들이네. 만약 한 번 더 살 기회가 주어진다고 해도 나는 똑같이 이것들을 추구하며 살아갈 것이네. 비록 나는 하지 못했지만 여기 앉아 있는 여러분은 귀중한 기회는 항상 자신의 손안에 있다는 걸 기억하길 바라네. 뭘 하고 싶든 자신의 양심에 부끄럽지 않고 사회 정의에 어긋나지 않는다면 열정을 가지고 추구해나가야 하네."

CHAPTER

15

사르트르
'자유'

자유란 당신에게 주어진 것을 갖고 당신이 실행하는 무엇이다.
지옥은 곧 타인이다.

자유 / 불안 / 실존은 본질에 앞선다
20세기 프랑스의 현대 철학자, 작가. 무신론적 실존주의 사상의 대표 인물로
손꼽힌다. 사회주의를 가장 적극적으로 주장한 인물 중 한 명이기도 하며,
뛰어난 문학가이자 극작가, 평론가, 사회활동가이다.
하이데거와 후설의 영향을 받고 인간은 하나의 실존의 존재임을 밝히고
실존은 본질에 앞서며, 실존은 바로 주체성이라는 명제를 제시하였다.
《존재와 무》,《변증법적 이성 비판》,《구토》,《실존주의는 휴머니즘이다》
등의 저서가 있다.

01

인물과
사물 사이의 구별

    한 학기 동안 이어진 '재미있는 철학'도 이제 마지막 수업이었다. 일찌감치 강의실에 도착한 민경은 단정히 자리에 앉은 뒤 몇백 년 전에 지어진 강의실을 둘러봤다. 비록 수차례 리모델링을 했지만 한 학기 동안 이곳 강단에 서서 자신의 철학을 설명한 교수들처럼 두껍게 쌓인 역사의 흔적이 느껴졌다.

    강의실을 찬찬히 둘러보던 민경의 눈빛이 자신도 모르게 강단 위에 있는 교수에게로 향했다. 어느새 강단 위로 올라온 교수가 담뱃대를 옆에 내려놓고는 강단 앞쪽으로 걸어갔다.

"마지막 수업을 책임진 사르트르라고 하네. 내가 강의하려는 내용은 여기 앉아 있는 여러분도 알고 있는 내용일 거네. 다만 여러분이 얼마나 깊이 알고 있는지는 모르겠지만. 그래서 나는 내 방식대로 수업을 진행하려 하네. 만약 질문이 있는 사람은 언제든지 내 말을 끊고 질문을 해도 좋아.

먼저 처음이니까 철학 연구의 가장 기본적인 문제부터 이야기해 보도록 하지. 바로 인간의 본질적 속성에 관한 문제이네. 분명 이전에 강의했던 철학자들도 이 문제를 다루었겠지. 이 문제는 답도 여러 가지가 있고 이유도 아주 많아. 그리고 수많은 답 중에서 자유가 인간의 본질적인 속성이라고 주장하는 철학자들도 적지 않지. 아마도 여러분 중에서도 이렇게 생각하는 사람이 있겠지만 나는 완전히 터무니없는 주장이라고 생각해.

나는 자유가 인간의 본질적인 성질에 속하지 않는다고 생각하네. 오히려 자유는 인간의 존재에 속하는 것으로 인간의 본질을 가능하게 해 주는 것이네. 나는 우리가 자유와 인간의 존재를 동일하게 봐야 한다고 생각하네. 그리고 인간의 자유가 인간의 본질보다 먼저라는 것과 인간의 존재가 인간의 본질보다 먼저라는 것의 의미가 같다고 생각해. 이런 내용을 기초로 해서 나는 '존재는 본질에 앞선다'는 관점을 내놨지.

《실존주의는 휴머니즘이다》라는 책에서 나는 이 점에 대해서 다음과 같이 말한 바 있네. '우리가 말하는 존재가 본질에 앞선다는 말은 무슨 의미일까? 그것은 사람은 먼저 존재하고 자신과 만나며 이 세상에서 나타난 뒤에 비로소 그 자신을 규정한다는 의미이다. 만약 실존주의자가 말하는 것처럼 사람이 규정될 수 없다면, 그것은 사람이 처음에 아무것도 아니었기 때문이다. 아무것도 아니었던 그는 나중에야 스스로 만들어 낸 사람이 된다. 그러므로 사람의 본성은 없다. 왜냐하면 사람의 본성이란 개념을 가진 신이 존재하지 않기 때문이다. 사람은 그저 존재할 뿐이다. 사람은 그가 상상하는 그런 사람일 뿐만 아니라 그가 원하는 그대로의 사람이다. 그리고 사람은 존재한 뒤에야 자신이 이렇다는 상상을 할 수 있으므로 사람은 존재한 뒤에야 그가 원하는 사람이 될 수 있다. 사람은 다른 게 아니라 그 자신이 만들어 가는 것이다.'"

눈을 감고 자신이 쓴 책의 내용을 읊던 사르트르 교수가 앞에 사람들을 바라봤다.

"여기에서 모두에게 '존재는 본질에 앞선다'는 관점이 사람은 사물이 아니라는 것을 지적한다는 걸 일깨워 줄 필요가 있겠군. 사물의 본질은 세상에 나오기 전에 이미 만드는 사람에게서 정해져 있네. 그러므로 사물의 본질은 존재를 앞서는 것이네. 바로 여기서 우리는 사람과 사물에 중요한 차이가 있다는 걸 발견할 수 있지.

사람은 맨 처음에 아무것도 없었어. 사람의 본질은 사람 자신 외의 어떠한 창조자에 의해서 결정되는 게 아니야. 어떤 사람이 되고 싶든, 어떤 특징을 가지고 싶든 모두 사람이 스스로 자유롭게 결정하는 것이며, 그런 의미에서 사람은 완전히 자유롭게 자신을 창조할 수 있는 것이지. 물론 여기서 말하는 사람은 물질적 사람이나 객체, 대상으로서의 사람이 아니라 대자존재인 사람을 말하는 것이네.

사물이 대자존재가 아니라는 건 이제 모두 알겠지. 대자존재의 실존성은 그것의 부정성에 있고, 그것은 사람을 인과고리 안에서 해방하게 할 수 있네. 이로써 우리는 자유와 부정은 동일하게 대자존재의 구조이며, 대자존재의 근본 특징이라는 설 발견할 수 있네."

"나는 존재에는 두 가지 유형이 있다고 생각하네. 하나는 즉자존재卽自存在, en-soi. 그 자체로 존재하는 것, 지각의 대상인 탁자, 의자, 책 등이고 다른 하나는 앞에서 이야기한 대자존재對自存在, pour-soi, 즉자의 반대 개념으로, 스스로 존재하지 못하는 의식, 자기에 대해 있는 존재이지. 이 두 가지 유형의 존재를 우리는 어떻게 이해해야 할까? 즉자존재는 객관 존재의 물질이네. 우리는 이것들에서 규칙을 찾을 수 없는 만큼 우연성을 가진 존재라고 할 수 있지. 우리는 이런 존재를 만나면 아득해지고 어찌해야 할 바를 모르게 돼.

반면 대자존재는 다르네. 앞에서 말했듯이 대자존재는 사람의 의식이며, 즉자존재에 대한 일종의 부정을 통해서 자신을 규정하고 있지. 사람은 자신의 의식에서 자신을 끊임없이 부정하는 과정을 통해 스스로를 발전해나갈 수 있네. 그러니 인류는 자신의 미래에 대한 계획을 진행할 수 있고, 미래에서 상응하는 결과를 찾을 수 있지.

앞에서 언급했듯이 사람은 '존재는 본질에 앞서는' 반면 사물은 '본질이 존재를 앞서는 것'이네. 이 두 가지 사이에는 중요한 차이점이 있어. 사람이 자신의 의식에 따라서 사물을 창조하고 이용할지를 결정할 수 있다는 의미니까. 그러니 인간의 의식은 다른 사물의 존재를 결정하는 근원이라 할 수 있지."

02

지금의 선택이
미래의 나를 결정한다

"'존재는 본질에 앞선다'는 내용과 인간은 자유라는 점을 이야기했네. 지금부터 자유를 이야기하는 동시에 선택에 관해서도 이야기해보도록 하지. 내가 봤을 때 사람의 절대 자유는 사람이 어떤 사람이 되려 하든 어떤 본질을 가지고 싶어 하든 완전히 자신의 선택과 행동으로 결정되는 것을 말하네. 자유가 자유라 불릴 수 있는 이유는 무조건 영원히 선택해야 하기 때문이네. 우리는 자신의 길을 선택할 수 있고, 자신의 미래를 설계할 수 있지.

내가 앞에서 말했듯이 사람의 자유는 바로 의식의 존재이네. 그래서 우리는 살아가면서 의식을 가지고 있기만 하다면 자유로울 수 있지. 하지만 우리는 생활에서의 모든 자유를 이해할 수 없네. 왜냐하면 현실 생활에서의 각종 구체적인 자유는 각종 구체적인 조건에 의해서 제약을 받기 때문이지. 이것이 우리가 현실 생활에서 하고 싶은 대로 할 수 없는 원인이네."

수업 시작부터 지금까지 사르트르 교수의 강의에 온 신경을 집중해 온 민경은 스스로 사르트르 교수가 말하는 자유를 완벽하게 이해했다고 생각했다. 그런데 사르트르 교수가 말하는 자유와 일상생활에서의 자유에 차이가 있다니? 예상치 못한 내용에 그녀가 영문을 모르겠다는 표정을 지었다.

"여러분의 이해를 돕기 위해서 예를 들어 설명해 보겠네. 우리는 사람이 범죄를 저질러 교도소에 들어갈 때 현실 생활에서의 자유를 잃게 된다고 알고 있지. 징역을 사는 동안에는 교도관의 지시를 따라야 하므로 마음대로 행동할 수도 없고, 도망을 칠 수도 없으니까.

그렇다면 이 사람은 자유롭지 않은 걸까? 꼭 그렇다고 볼 수는 없네. 왜냐하면 다른 방법을 선택해 대항할 수도 있으니까. 물로 이렇게 선택한 방법이 성공한다는 보장은 할 수 없지만, 선택할 수 있다는 이상 자유롭지 않다고 할 수는 없는 거네.

이를 통해서 우리는 선택의 성공 여부는 구체적인 자유와 관련 있지 자유 그 자체와는 관련이 없다는 걸 알 수 있어. 누구든 장소, 시간, 구체적인 조건과 상관없이 자신이 가진 다양한 가능성으로 선택을 할 수 있네.

선택과 밀접한 관계가 있는 행동도 우리가 반드시 연구해 봐야 할 중요한 내용이지. 행동은 인간의 모든 것이라 말할 수 있으며, 자유는 그 존재에 대한 선택이라 할 수 있네. 그리고 다른 한편으로는 행동은 자유의 표현이지. 나는 사람과 대상의 관계에서 사람은 행동을 통해서 세상에 개입할 수 있고, 행동을 통해서만 선택의 권리를 구체적으로 드러낼 수 있다고 생각하네.

더욱이 사람 관계에서 행동은 사람의 보편적인 능력이라 할 수 있네. 사람의 관계는 행동을 통해야만 맺어지고 발전할 수 있으니까. 행동은 사람의 존재의 근본적인 속성이야. 행동해야만 인간의 존재는 증명될 수 있고, 인간은 자신의 운명을 주재할 수 있지. 그리고 이런 행동은 결정된 기계운동이 아니라 인간의 자발적인 행동이며, 선택은 여기서 중요한 요소라 할 수 있네."

"앞에 내용은 아주 간단하게 이해할 수 있네. 우리는 평범한 사람이 물에 빠졌을 때 스스로 행동한 게 아니라 그저 조심하지 않아서 물에 빠진 거라고 생각하지. 하지만 다이빙선수가 다이빙대에서 뛰어내려 물에 빠진다면 그가 스스로 행동한 것이라고 생각하네.

내 수업을 처음부터 끝까지 집중해서 들은 학생이라면 우리가 주제를 자유에서 선택으로, 또 선택에서 행동으로 옮기고 있다는 걸 느꼈을 것이네. 우리는 자유이며, 자유인 우리는 각종 각색의 선택을 할 수 있고, 이러한 선택은 여러 가지 결과를 만들어 낸다고 생각하네.

하지만 선택과 결과에서 중요한 요소는 행동이네. 왜냐하면 선택이 결과를 만들어 내려면 행동의 역할이 필요하거든. 행동이 자유로워야 비로소 선택은 효과를 나타낼 수 있네. 우리는 선택만 할 뿐 필요한 행동은 하지 못해서 원하는 결과를 만들어 내지 못하는 경우가 많지.

선택은 행동과 함께 가는 만큼 선택은 일정한 행동을 수반하네. 우리는 자유롭게 한 가지 방향을 선택한 뒤에는 한 걸음 한 걸음 착실하게 걸어 나가야지만 비로소 종점이 어디인지를 알 수가 있네. 우리의 선택은 우리의 미래를 결정할 수 있으니까. 왜 그런지는 말하지 않아도 모두 알고 있겠지.

우리가 가시덤불로 뒤덮인 길을 선택한다면 행동하는 과정에 상당히 많은 장애가 있을 건 분명한 사실이지. 하지만 행동을 통해서 이런 장애를 넘어선다면 우리는 이 길이 가리키는 빛나는 미래를 발견할 수 있네. 그리고 그것은 우리가 평생 마땅히 추구해야 할 목표라 할 수 있지."

행동하지 않으면 선택에 따른 결과도 없다는 말이 민경의 마음을 울렸다. 그녀는 적극적으로 행동하는 게 자신의 발전에 중요하다는 걸 알고 있으면서도 항상 게을리했기 때문이다.

"앞에서 말했듯이 우리가 어떤 사람이 되느냐는 타고난 본질에 의해서 결정되는 것도 아니고, 사회 조건에 의해서 결정되는 것도 아니며, 더욱이 신에 의해서 결정되는 것도 아니네. 사람이 어떤 사람이 되느냐는 완전히 자신에 의해서 결정되는 것이네. 우리는 모두 세상에 단 하나밖에 없는 유일무이한 존재인 만큼 진정한 자신이 되고 싶다면 반드시 자신의 개성을 지키고 세상의 제약을 받지 말아야 하네.

그리고 독립적으로 선택할 수 있어야 하지. 자유롭게 선택한다는 건 스스로 자신의 인생을 설계하고, 어떤 사람이 될지를 결정하고, 자신을 규정한다는 의미야. 그러니 이 세계에서 그 누구도 나에게 뭘 해야 한다고 말할 수 없는 것이지. 나 자신만이 스스로 어떤 사람이 될지 선택할 수 있네. 만일 여러분이 스스로 선택하고 그에 맞는 행동을 한다면 선택은 어느새 여러분의 미래가 되어 있을 것이네."

03

족쇄를 찬
자유

"자유는 하고 싶은 대로 하는 자유가 아니라는 걸 말했네. 그래서 사람들은 내가 자유에 족쇄를 채웠다고 생각하네. 이번 시간에는 자유에 족쇄가 채워져 있는지 아닌지에 대해서 이야기해 볼 생각이야."

민경은 자유는 하고 싶은 걸 마음대로 하는 게 아니라는 사르트르 교수의 말이 어렵게 느껴지지는 않았다. 국가의 법은 국민에게 권리를 부여하는 동시에 사람들의 행동을 규범화했다. 그러니 국민은 법 테두리 안에서만 자유를 누리는 셈이었다. 만약 자유가 법을 위반한다면 자유도 더는 존재할 수 없었다.

"우리는 선택과 행동은 모두 중요하며, 자유는 존재에 대한 선택이며 행동은 자유의 표현이라는 점을 다루었네. 그렇다면 사람은 계속해서 자신 및 현재의 존재를 뛰어넘어 더욱 새로운 것을 창조할 뿐만 아니라 가능성을 현실성으로 바꿔야 하네. 그리고 이 모든 것은 사람의 구체적인 행동을 통해 이루어져야 하지.

사람은 자신이 자유롭게 선택한 이상, 계획, 행동에 따라 구성되네. 그래서 사람의 자유와 사람의 본질은 이러한 선택, 계획, 행동에 지나지 않으며, 행동이 없다면 사람의 본질적 존재도 없는 거지. 이때문에 적극적인 행동으로 자유의지와 인간의 본질을 구체적으로 드러낼 수 있네.

그렇다면, 어째서 자유가 족쇄를 차고 있다는 것일까? 그건 자신의 선택과 행동으로 초래된 모든 결과를 책임져야 하기 때문이야. 여기서 말하는 책임은 자유를 기초로 한 책임이지. 이러한 책임에는 두 가지 방면이 있는 데 하나는 자유로운 선택과 행동으로 인해 자신에게 초래된 결과에 대한 책임이고, 다른 하나는 자신의 행동으로 인해 다른 사람과 사회에 초래된 결과에 대한 책임이네."

"우리는 항상 자유롭고, 자유로운 선택을 할 수 있지만, 이러한 선택으로 인해 자신과 다른 사람에게 생긴 결과에 대해서도 책임져야 하네. 사람이 자신으로 인해 생긴 결과에 대한 책임을 져야 하는 이유는 자신 스스로 선택한 것이기 때문이지. 그러므로 스스로 자유롭게 선택한 일에 관한 결과를 반드시 감당해야 해지. 이것은 어떤 핑계나 이유로도 미룰 수 없는 책임이야. 그리고 우리가 다른 사람에게 초래된 결과에 대한 책임을 져야 하는 이유는 자신이 자유롭게 한 선택이 크든 작든 어느 정도 다른 사람에게 영향을 미쳤기 때문이지. 그러니 만약 핑계를 대며 이런 책임에서 도망치려 한다면 그건 도덕적이지 못한 행동이네.

이런 사례는 어디에나 있으니 모두 자신의 현재 생활을 떠올려 본다면 이해가 쉬울 거네. 여러분 모두 학점을 받아 순조롭게 졸업하기 위해서 여기 와서 재미없는 내 수업을 듣고 있지 않은가. 안 들을 수는 없었을까? 당연히 안 들을 수도 있었겠지. 사람은 누구나 자유로우니까. 자유롭고 선택할 권리를 가진 여러분은 수업을 들으러 오지 않을 수 있었던 거야. 그런데도 여러분은 이곳에 와서 수업을 듣는 걸 선택했네. 이렇게 졸린 눈을 하고 있으면서도 굳이 강의실에 와서 내 수업을 듣는 이유는 뭘까?"

사르트르 교수의 지적에 게슴츠레한 눈을 하고 있던 학생들이 눈을 비비며 졸음을 쫓았다.

"바로 이게 책임이라는 거네. 만약 여러분이 내 수업을 들으러 오지 않았다면 기말고사 때 좋은 성적을 못 받았겠지. 그래서 여러분은 자신의 선택에 책임을 지기 위해서 어쩔 수 없이 이곳에 와서 수업을 듣고 있는 거야.

　무엇을 하든지 우리는 자신의 책임에서 잠시도 도망칠 수 없네. 우리가 하는 자유로운 선택은 다른 사람의 선택에 영향을 끼치기 마련이야. 그러니 자유로운 선택을 하는 동시에 필연적으로 결과에 책임을 져야 하지. 그러므로 우리는 선택할 때 자신이 처한 상황과 다른 사람에게 미칠 영향을 고려해야 하며, 심지어 전 인류에 어떤 영향을 미칠지도 생각해 봐야 하네.

　자신을 만족시켜야 할 뿐만 아니라 다른 사람에게 미치는 영향도 책임져야 하니, 선택으로 짊어져야 하는 책임의 무게는 상상하기조차 어려울 만큼 거대한 셈이지. 그러므로 우리는 사회의 개인으로서 일을 처리할 때는 단지 눈앞에 있는 자신의 존재만 생각하지 말고 더 넓은 범위인 주변의 존재에도 관심을 기울여야 하네. 왜냐하면 개인의 행동은 사회 전체와 분리될 수 없기 때문이지. 그래서 우리는 자유를 누리는 동시에 우리의 행동에 책임을 져야 하네.

　이 때문에 자유는 완전히 절대적으로 조건이 없는 자유가 아니라 책임이 따르는 자유인 셈이지. 우리의 선택은 반드시 우리 주변에 있는 사람들에게 영향을 미치기 마련이네. 그러니 우리가 만일 하고 싶은 대로 선택하고 행동한다면 다른 사람에게 피해를 주거나 다른 사람의 자유를 망가뜨릴 수 있네. 마찬가지로 다른 사람이 하고 싶은 대로 한 선택에 우리의 자유도 망가질 수 있지."

민경은 하고 싶은 대로 하는 게 자유가 아니라는 말이 무슨 의미인지 이제는 알 것 같았다. 사르트르 교수가 말하는 진정한 자유는 선택에 따라 행동하고 책임지는 것이었기 때문이다.

"그래서 우리는 집단과 사회에서 생활할 때 자유로운 선택을 하기 전에 다른 사람에게 미칠 영향을 고려해야 하네. 만약 자신의 행동으로 인한 책임을 고려하지 않는다면 자유로운 선택은 오히려 자유를 잃게 되지. 선택하고서 책임지지 않는 사람은 자신의 행동이 이성과 법률에 부합한 지를 증명할 수 없을 뿐만 아니라 동시에 행동의 가치를 판단할 수 없게 되지. 이렇게 되면 선택의 정당성을 증명할 방법이 없어질 뿐만 아니라 동시에 정당치 못한 행동에 대해 변명도 할 수 없게 되는 거야.

이처럼 사람은 자신의 행동의 결정자이자 책임자인 이상 어떤 이유에서라도 책임을 다른 사람에게 떠넘겨서는 안 되네. 이처럼 어떤 선택을 하든 어떤 행동을 하든 그 결과에 대한 책임을 져야 하는 이상 사람은 자유롭게 태어났음에도 항상 족쇄에 묶여 있는 셈이지."

04

사람은 왜
자기기만을 할까?

"자유에 대해서는 이전 시간에 많이 이야기했으니 이번에는 각도
를 바꿔서 '자기기만'을 하는 이유에 대해서 다뤄 보도록 하지. 자유
와 자기기만은 완전히 다른 것 같지만 자세히 분석해 보면 둘이 연
관되어 있다는 걸 알 수 있네. 이번 시간에는 이런 관계를 한 번 알
아보는 동시에 '사람이 자기기만을 하는 이유'도 알아보도록 하겠
네."

단순하게 자유와 자기기만의 차이점을 말해보라고 한다면 민경
은 자신 있게 두 가지의 차이점을 말할 수 있었다. 하지만 자유와 자
기기만이 연관되어 있다는 것은 처음 드는 소리였다. 자기기만이란

말을 들을 때 민경의 마음속에 맨 처음 떠오르는 것은 '남도 속이고 나도 속인다'라는 말이었다. 도대체 사람의 자유와 스스로를 속이는 자기기만에 어떤 연관이 있다는 것일까? 민경은 도무지 이해가 되지 않았다.

"자기기만에 관해 이야기하기 전에 먼저 '거짓말'의 개념을 알아야 하네. 두 가지가 연관이 있다고 생각할 수도 있겠지만 자기기만과 거짓말에는 분명한 차이가 있네. 거짓말은 진실을 알고 있으면서도 다른 사람에게 그것을 속이려는 태도지. 그러니 자신을 스스로 속이려 하는 자기기만과는 차이점이 있어.

거짓말하는 사람은 종종 거짓말을 할 의도를 확실히 가지고 치밀한 계획을 통해 다른 사람을 속이네. 그러니 거짓말은 초월적인 행동으로, 거짓말의 부정은 다른 사람을 겨냥하고 있지 자신을 겨냥하고 있지 않아. 거짓말을 하는 사람은 명확하기 속이려는 동기를 가지고 정신이 분명한 상태에서 거짓말을 계획하는 동시에 온갖 방법을 동원해 상대가 거짓말을 진실로 믿게 만들지.

그럼, 자기기만은 무엇일까? 위에서 말한 대로 자기기만은 자신이 자신에게 거짓말을 하는 것이라 볼 수 있네. 그러니까 거짓말과는 다르지. 거짓말이 다른 사람이 진실을 보지 못하도록 가리는 거라면 자기기만은 자신 스스로 진실을 보지 못하도록 가리는 거야. 거짓말을 할 때는 속이는 사람과 당하는 사람, 이렇게 두 사람이 있지만, 자기기만에서는 한 사람만 있네. 이 점에 대해서는 여러분도 쉽게 이해할 수 있겠지. 나는 그래서 자기기만은 본질적으로 의식의 단일성을 가지고 있다고 생각하네.

여기 앉아 있는 여러분 중 자기기만을 해 본 적이 있는지는 모르겠지만, 일반적으로 자기기만을 하는 사람은 자기기만을 의식하고 있네. 자신이 스스로를 속이려 한다는 걸 의식한다면 자기기만은 효과가 없을 수밖에 없지. 하지만 자기기만은 일상생활에서 자주 볼 수 있을 정도로 자주 이뤄지고 있네. 그렇다면 자기기만은 어떤 식으로 진행되는 걸까?"

"예를 들어 어느 한 여자가 처음 데이트를 한다고 해 보지. 그녀는 상대방이 무슨 생각을 하는지 아는 동시에 자신이 늦게 갈지 일찍 갈지를 결정해야 하네. 하지만 그녀는 상대방의 공손하고 예의 바른 태도에만 집착할 뿐 이런 태도 배후에 드러나는 것에는 관심을 두려 하지 않네. 바꿔 말하자면 이 여자는 상대방을 진지하게 이해하려 하지 않으려 할 뿐만 아니라 자신의 마음속 깊은 곳을 직시하려 하지 않아. 하지만 그녀는 상대방을 사랑하기로 선택하지.

내가 봤을 때 그녀는 단순히 상대방이 겉으로 보이는 겸손함에 미련이 있는 게 아니라 겸손한 매력에 숨겨진 성적 의미에 끌린 것이네. 또 다른 방면에서 그녀는 자신이 사랑에 대해 고민하고 있다고 말하지만, 사실은 정욕을 사랑이란 이름으로 꾸민 것에 지나지 않네. 여러분은 여자가 왜 자기기만을 한다고 생각하나?

이 여자가 자기기만에 빠질 수 있는 본질적인 원인은 사람의 관념과 이런 관념에 대한 부정이 통일되어 있기 때문이라고 생각하네. 이 여자는 정욕에 대한 부정과 긍정을 함께 가지고 있고, 그래서 정욕에 대한 부정을 통해서 비로소 정욕을 누리는 목적을 달성할 수 있지.

자기기만은 인간의 존재의 이중적인 성질을 이용한 것으로 이런 이중성은 인간 존재의 특징이네. 나는 대자의 진실상태는 인간이 자유로운 행동으로 계속해서 고난을 극복하는 걸 가리키며 동시에 이러한 과정에서 완강한 저항으로 인간이 역경에 처하게 되는 것이라고 생각하네. 대자존재의 구체적인 상황은 주로 인간의 신체를 포함해 초월적인 존재가 되는 것으로, 이러한 대자는 단순한 초월이 아니라 구체적인 초월이네."

"그래서 인간의 존재는 그 현실의 존재를 가리키기도 하고 초월적 존재를 가리키기도 하는 것이지. 이처럼 인간은 현실성에서 초월성을 실현하는 한편, 현실성 자체가 초월이기도 하므로 사람들은 그중에 한 방면을 잡을 때 다른 방면과 대면할 수밖에 없네. 그래서 자기기만에서 사람은 두 방면을 제거할 수도 없고 조화시킬 수도 없으니 그것들의 구별을 보존하면서 그것들의 같음을 긍정하는 것이지.

진실함이 없으면 자기기만도 없다고 말할 수 있을 정도로 자기기만에서 진실함은 아주 중요하네. 우리가 거짓말을 믿는 건 상대방이 치밀하게 계획을 해서지만 자기기만은 진실하기 때문이야. 이건 인간이 어떤 유형의 기대에 다다르고 싶어 한다는 걸 드러내지.

만일 자기기만에서 우리가 존재의 진실성과 초월성을 분해한 뒤 진실함의 요구하에서 자신을 단일화한다면 우리가 옳다고 생각하는 게 옳은 것이 될 수 있네.

이러한 자기기만을 구성하는 또 다른 중요한 부분은 바로 믿음이네. 자기기만을 하는 사람들은 종종 실제로 존재하는 것을 믿지 않거나 사람들이 옳다고 하는 것을 외면한 채 허상의 것을 믿는 경우가 있네. 자기기만의 근본문제는 바로 믿음의 문제야. 이러한 믿음은 종종 깊은 고민 없지 자발적인 결정을 하게 하지.

사람들은 자신의 진실함을 변화시키고 자신의 단일함을 변화시키려 노력하는 데 이런 행동은 모두 자기기만 상태에 있다는 걸 보여주네. 사람은 자유롭고 사람은 자신의 자유를 의식할 수 있지만 이런 자유를 알지는 못하네. 안정과 평화를 추구하기 위해서 사람들은 자유를 피해 자신을 본질화하는 게 자기기만의 주요 원인이라 할 수 있겠네."

세계의 리더들은 왜 철학을 공부하는가

초판 1쇄 인쇄 ㅣ 2019년 11월 20일
초판 1쇄 발행 ㅣ 2019년 11월 25일

지은이 ㅣ 리우스(劉帥)
옮긴이 ㅣ 이서연
펴낸이 ㅣ 김채민
펴낸곳 ㅣ 힘찬북스
출판등록 ㅣ 제410-2017-000143호

주소 ㅣ 서울특별시 마포구 망원로 94, 301호
전화 ㅣ 02-2272-2554
팩스 ㅣ 02-2272-2555
이메일 ㅣ hcbooks17@naver.com

ISBN 979-11-90227-01-8 03100
값 14,800원

* 이 책은 저작권법에 따라 보호받는 저작물이므로 무단 전재와 무단 복제를 금합니다.
* 잘못된 책은 구입하신 곳에서 바꾸어 드립니다